Prof. Dr. phil. Christian Graf von Krockow, geboren 1927 in Ostpommern, wurde 1961 Professor für Politikwissenschaft in Göttingen, 1965 in Saarbrücken und 1968 in Frankfurt am Main. Seit 1969 ist er freier Wissenschaftler und Publizist.
Zu seinen wichtigsten Buchveröffentlichungen zählen »Reform als politisches Prinzip« (1976), »Scheiterhaufen – Größe und Elend des deutschen Geistes« (1983), »Gewalt für den Frieden? – Die politische Kultur des Konflikts« (1983), »Die Reise nach Pommern« (1985), »Friedrich der Große« (1986), »Politik und menschliche Natur« (1987).

Dirk Reinartz, geboren 1947 in Aachen, hat nach einer Fotografenlehre an der Essener Folkwangschule studiert. 1971 bis 1977 war er Fotoreporter beim »Stern«, seit 1982 lebt er als freier Fotograf in Buxtehude. Fotoreportagen von ihm erscheinen in »Art«, »Life«, im »Stern« und im »Zeit-Magazin«. Seine Pommern-Bilder entstanden überwiegend im Auftrag von »Geo«.

W0067906

Inhalt

Begegnungen mit Pommern

Die Märchen erzählen: Es war einmal. Manchmal aber redet auch die Erinnerung so. Sie sagt: Es war einmal ein Land, diesseits und jenseits der Oder weit hingestreckt längs der Ostsee. Und nahe genug. Die Berliner fuhren dorthin zur Sommerfrische oder ins Wochenende. Keine drei Stunden brauchte ihr Zug vom Stettiner Bahnhof bis Swinemünde.

Einen Stettiner Bahnhof gibt es nicht mehr; aus Swinemünde wurde, schwer nur auszusprechen, Świnoujście. Wer reist, sucht in der Regel bekanntere Ziele. Die einen fahren an die Schwarzmeerküste, die anderen ans Mittelmeer, und sogar Tahiti liegt inzwischen weniger fern. Pommern, das Land selbst, scheint von der Landkarte vertilgt, als sei es nie gewesen. Vorpommern, seinen westlichen Teil, der der Deutschen Demokratischen Republik verblieb, hat man aufgeteilt auf die Bezirke Rostock, Neubrandenburg und Frankfurt an der Oder. Hinterpommern indessen, der östliche Teil, heißt jetzt Pomorze, und die Bezirke werden Woiwodschaften genannt: Szczecin, Koszalin, Słupsk.

Doch das Land ist noch da, nach Kilometern gemessen keineswegs fern. Man könnte es besuchen. Dieses Buch berichtet in seinen Texten und Bildern von der Reise nach Pommern, genauer nach Hinterpommern, in das Land jenseits der Oder.

Der Verfasser der Texte stammt von dort, er ist dort aufgewachsen, und nicht selten führt der Traum ihn zurück. Wenn er Pommern, Hinterpommern meint, sagt er »bei uns« und »zu Hause«. Darum stürmen bei seiner Reise nach Osten zwiespältig die Gefühle auf ihn ein: Freude und Trauer, Wiedererkennen und Fremdheit. Er begegnet der Landschaft, die blieb, einer Natur, die standhielt. In den Dörfern und Städten begegnet er den Menschen auf seltsame Weise gleich zweifach: denen, die einmal in Misdroy und in Kolberg, in Neustettin, in Stolp oder Glowitz gelebt haben — und denen, die heute in Międzyzdroje, Kołobrzeg, Szczecinek, Słupsk, Główczyce leben, schon in der zweiten oder dritten Generation.

Der Fotograf dagegen stammt so weit aus dem Westen, wie es in Deutschland nur möglich ist: aus Aachen. Er ist jung genug, um von den Erinnerungen an Vorkriegszeit und Krieg nicht mehr beschwert zu sein. Eigentlich durch den puren Zufall geriet er über die Oder nach Osten, mitten im Winter. Doch um so stärker fesselte ihn das Unbekannte: ein Land der Stille und der Weite, ein Leben der Kargheit und der Gastfreundschaft. Aber zu seiner Überraschung entdeckte er auch Bekanntes, die Zeichen seiner Kindheit, die hierzulande der Triumph des Fortschritts längst entstellt und zerstört hat. Gleich mehrfach fuhr er darum nach Pommern, im Wechsel der Jahreszeiten. Seine Bilder zeigen, was ihn gefangennahm.

Viele Menschen haben mit ihren Hinweisen, mit Rat und mit Hilfe zu diesem Buch beigetragen, Deutsche wie Polen. Ihnen allen wäre zu danken. Stellvertretend für viele sei nur eine Frau hier genannt: Frieda Albrecht, Bäuerin aus Arnshagen, Kreis Stolp. Eine Frau voller Herzensklugheit; im Unscheinbaren, im Selbstverständlichen war der Wahlspruch der Pommern »In Treue fest« für sie bestimmend wie der Wille zur Versöhnung, zum Frieden. Erst

1956 verließ sie die Heimat. Doch ihre Nachfolgerin, die alte Polin im heutigen Charnowo, sagte mit Stolz: »Unsere Deutsche ist als letzte gegangen, und sie kam als erste zurück.« Sie fragte, sie drängte: »Wann kommt meine liebe Freundin wieder zu Besuch? Wir warten auf sie, ihr Zimmer steht bereit. Bitte sagen Sie ihr das.« Im September 1985 ist Frieda Albrecht noch einmal in Arnshagen/Charnowo gewesen; am 30. Januar 1986 ist sie so still gestorben, wie sie gelebt hat. Wahrlich gilt für sie, was im neunzigsten Psalm geschrieben steht: »Unser Leben währet siebzig Jahre, und wenn's hoch kommt, so

sind's achtzig Jahre, und wenn's köstlich gewesen ist, so ist es Mühe und Arbeit gewesen; denn es fähret schnell dahin, als flögen wir davon.«

Dem Leser, dem Betrachter will dieses Buch die Begegnungen weitergeben: Begegnungen mit der Natur und der Landschaft wie mit den Dörfern, den Städten, den Menschen — Begegnungen, sei es zum Erinnern, sei es zur Entdeckung des Unbekannten. Oder noch mehr: Dieses Buch will einladen zu einer Reise, über die Schwarzmeerküste, das Mittelmeer und sogar über Tahiti weit hinaus — zur Reise nach Pommern.

Bei Rowen, Kreis Stolp/Równo

Fahrten durchs Land

Von der Oder zur Ostsee

Zöllner sind auch nur Menschen. Das steht schon in der Bibel, und für die polnischen gilt es erst recht. Sie brauchen ihre Pausen, fürs zweite und dritte Frühstück, für die Zigarette und das Erzählen oder wer weiß, was sonst. Fünf Autos, die vor einem auf die Abfertigung warten, können schon eine Stunde kosten. Oder zwei. Selbst die deutsch-demokratischen Zollkollegen macht das schier kribbelig. Dabei wird so durchdringend genau meist gar nicht kontrolliert. Geduld ist also gefordert, obwohl die Ungeduld wächst: eine Handvoll Kilometer bloß noch von dieser Grenzstation Kołbaskowo, südlich von Stettin, bis zur Oder!

Die Oder: Breit, gemächlich strömt sie in ihren beiden Armen dahin, weder vom ragenden Gestein noch von Rebhügeln umdrängt. Kein Vergleich mit der geschäftigen Frachtfülle auf dem Rhein. Und keine Ruinenromantik, keine Felsengesänge; nirgendwo wird eine gewaltige Melodei den Schiffer mit wildem Weh aufs Riff treiben. Nur Ruhe, Weite, Geduld. Um auf Pommern, auf Hinterpommern sich einzustimmen, sollte man gleich hinter den holprigen Oderbrücken der alten Autobahn nach rechts abbiegen, auf Greifenhagen/Gryfino zu wieder an den Fluß heran. Da könnte man an der Böschung des Deiches sich ins Gras setzen, dem ziehenden Strom nachspüren oder spielenden Kindern und den Anglern zuschauen, bis

im aufsteigenden Dunst des Abends das Wasser und der Himmel ineinander verdämmern. So würde man nach dem nervösen Tag der Anfahrt aus dem Westen und nach aller Ungeduld an den Grenzen unmerklich damit anfangen, einen anderen Rhythmus einzuüben: den des Ostens.

Wer vorwärtsdrängt, vielleicht weil das Heimweh ihn treibt, mag sich natürlich an die eine große Straße halten, die im weiten Bogen durchs Land schwingt, über Naugard/Nowogard und Köslin/Koszalin nach Stolp/Słupsk. Eine Hauptstraße ist das, teils vierspurig ausgebaut und mitunter sogar mit lebhaftem Verkehr, selbst wenn er in westlichen Augen noch sehr gemäßigt sich ausnimmt. Aber viel schöner ist es, sich abseits zu halten, um auf Landstraßen kreuz und quer durchs Land zu fahren.

Diese Landstraßen nämlich sind schon für sich ein Erlebnis. Früher einmal waren sie zweigeteilt, auf der einen Seite befestigt, oft mit dem betagten Kopfsteinpflaster, das dem Zeitalter des Asphalts voranging, auf der anderen nur mit lockerem Kies angelegt, Sand darüber: der »Sommerweg«, den Sehnen der Pferdebeine zur Schonung zugedacht. Inzwischen hat man die Straßen in ihrer ganzen Breite überteert, und durchweg zeigen sie sich in vorzüglichem Zustand; nach Schlaglöchern muß man suchen. Im Grunde sollte man, bewußt altmodisch, von Chausseen sprechen, denn die schattenspendenden Bäume blieben erhalten. Manchmal sind es Birken, in den Mooren zumal, meist aber Linden, wahre Jahrhundertbäume oft. Wie zu Torbogen wölben sie sich über der Straße zusammen, Kilometer um Kilometer bis an den Horizont, in der nie ermüdenden Bewegung von Schatten und Licht. Und in der Morgenfrühe wie am Abend locken sie mit be-

Das südöstliche Hinterpommern, der baltische Höhenrücken, Endmoränenlandschaft: Ein rauhes Klima und ein karges Land; schon immer hatten es die Menschen hier schwer.

Kartoffeln und Kiefern statt Milch und Honig! Immer aber findet man Wasser und Wald, immer gibt es die Weite sanfter Bewegung und den Wechsel des Lichts unter der Größe des Himmels.

törendem Duft. Gemächlich rollt man dahin, zum Schauen befreit; unwillkürlich und je länger, je mehr sinkt die Geschwindigkeit unter die vorgeschriebene Grenze von neunzig Stundenkilometern. Ein Hauch von »damals«, von Vorkriegszeit weht heran; wie damals üblich sollte man eigentlich ein Kabriolett haben, das Verdeck heruntergeklappt. Den Verkehr, so scheint es, hat man ohnehin fast für sich; dann und wann nur fordert der Entzückensruf der Begleiterin auf dem Beifah-

*Die Oder: Schick-
salsfluß durch Schle-
sien, die Mark Bran-
denburg und Pom-
mern, preußisch vor
allem: Küstrin und
Kunersdorf liegen
nicht weit. Einst
Deutschlands Strom,
jetzt seine Grenze.
Doch unberührt, als
gäbe es die Zeit nicht,
zieht er dahin.
Wer aus dem Westen
kommt, mit ange-
spanntem Blick auf
Kilometerzähler und
Uhr, sollte am Oder-
ufer nicht bloß ra-
sten, sondern Station
machen. Hier näm-
lich beginnt eine an-
dere, die östliche
Landschaft und Le-
bensart; hier setzt das
Erinnern des Heim-
kehrers ein — oder
die Entdeckung des
Unbekannten.*

Die Oder bei
Greifenhagen/Gryfino

rersitz ein wenig Aufmerksamkeit zurück:
»Sieh mal, ein Auto!«

Es ist seltsam: Weil aus Pommern Pomorze wurde und weil Polen, verglichen mit
der Bundesrepublik Deutschland, ein ar-
mes, ein rückständiges Land ist, darum
blieb vieles bewahrt, was wir längst der Raserei des Abholzens, Begradigens, Betonie-
rens und Austrocknens geopfert haben.
Die Landschaft, die Natur hält noch stand,
weit besser jedenfalls als in unserem trium-
phalen Gewaltmarsch zum Wohlstand.
Wenn wir wissen wollen, was einmal war
und was wir fast schon vergessen haben,
müssen wir hierher fahren.

Das zeigt sich an vielem, nicht bloß an
den Chausseen. Störche zum Beispiel:
Wann eigentlich haben wir — außerhalb
von Gehegen — sie zuletzt gesehen, wann
ihrem Klappern gelauscht? Sind sie nicht
fast schon zur Sage entrückt? Nein, keineswegs, hier zumindest nicht, in dem Land
östlich der Oder. Es ist ihre Heimat geblieben. Sei es Pommern oder Pomorze: Für
sie macht das wenig Unterschied. In ihrem
ernsten Zögern schreiten sie durch die Wiesen wie je. Und wenn Maschinen das Gras
oder das Getreide mähen, kommen sie
nicht selten in Scharen herbei, um alles ein-
zusammeln, was an hüpfendem oder krie-
chendem Kleingetier sichtbar wird. Nur
das Wohnen machte Umzüge erforderlich.
Früher gab es noch Strohdächer, auf denen
die Nester sich sicher begründen ließen.
Heute sind sie beinahe verschwunden, die
Neubauten in der Regel häßlich flache Kä-
sten und die älteren Häuser meist mit Blech
eingedeckt. Da hält nichts, oder es wird zu
heiß. Aber Leitungsmasten für die Elektri-
zität und das Telefon gibt es noch immer.
In den Dörfern, an den Knotenpunkten, an
denen die Drähte sich verzweigen, sind sie

aus Beton, oben mit einer Platte abgedeckt.
Also werden die Nester nun dort erbaut, direkt über den Leitungen und Lampen.

Ein anderes Beispiel liefern die Äcker
und die Feldraine. Der chemische Tod aus
Menschenhand hat das angeblich Unnütze

Pommerns Chausseen, die in Pomorze sich erhalten haben, sind durchweg in vorzüglichem Zustand. Durch die Torbogen der Jahrhundertbäume, im Spiel von Schatten und Licht, im spärlichen Verkehr rollt man gemächlich dahin. Muße zum Schauen statt der Jagd ums Überholen: Unwillkürlich sinkt die Geschwindigkeit aufs bekömmliche Maß.

noch nicht besiegt. Überall noch Bäume und Gesträuch, und überall blüht es, vielfarbig unter dem Spiel der Schmetterlinge, blau zumal von der Kornblume und rot vom Klatschmohn. Gefährdungen freilich sind nicht zu übersehen, die Warnzeichen einer Zukunft, die auch in Pomorze schon begonnen hat: In manchen Feldmulden, in die das Wasser ein Übermaß von Düngemitteln hinabschwemmt, stehen wie Klagezeichen die dahinrottenden Stümpfe von Erlen oder Birken. Unwillkürlich gerät man

Erinnerung an die Kindertage, Entzücken des Wiedererkennens: Weil der Triumph des Fortschritts, die Raserei des Trockenlegens, die chemische Keule über Frösche und Heuschrecken noch nicht gesiegt hat, auch nicht über das Kleingetier im Gras, das die Mähmaschine freilegt, darum sind Störche in Pommern zu Hause wie je.

In Trieglaff, Kreis Greifenberg/Trzygłów

ins zwiespältige Grübeln: Den Menschen, die heute hier leben, ist ihr gebührender Anteil am Fortschritt, am Aufstieg zum Wohlstand dringend zu wünschen; wer dürfte sich anmaßen, sie gleichsam zu Museumswärtern unserer rückwärtsgewandten Sehnsüchte zu degradieren, für die wir selbst den Preis buchstäblich ums Verrecken nicht zahlen wollen? Und doch und zugleich keimt heimlich eine Art oder Unart von Hoffnung: Wenigstens hier möge die Natur weiterhin mächtig bleiben und al-

Nur für den Nestbau wurden Umzüge erforderlich, weil die Strohdächer verschwanden. Gottlob gibt es als Ersatz die Leitungsmasten, an den Knotenpunkten der Verzweigungen aus Beton und oben *mit einer Platte abgedeckt.*

In Neu Gutzmerow, Kreis Stolp/Choćmirówko

ler kurzlebigen Menschengier, allem Unverstand des homo sapiens widerstehen.

In Gollnow/Golieniów verlassen wir die große Straße durch Pommern und fahren nach Norden an den rechten Mündungsarm der Oder, die Dievenow. Sie verbindet das Stettiner Haff mit dem Camminer Bodden, der die Insel Gristow umschließt. Ein wahres Paradies für Süßwassersegler, wie man in Mitteleuropa wohl kaum ein zweites mehr findet, und wahrlich noch längst nicht überfüllt. Überall ein Widerschein von Idylle. Wo ein paar Zelte aufgeschlagen sind, müssen die Bewohner sich nur gegen die zudringliche Neugier von Kühen zur Wehr setzen. Etwas weiter, auf dem Steg, den das Schilf fast verbirgt, stören nicht einmal die mehr. Ein Mann hat die Angelrute ausgeworfen, die ihn die Zeit vergessen läßt. Oder hält er vielleicht schon heimliche Zwiesprache mit dem Butt, obwohl der genaugenommen in die Ostsee gehört? Der Graubutt, meist Flunder genannt, dringt allerdings häufig ins Brack- und Süßwasser vor. Sei es, wie es sei, die Geschichte »Von dem Fischer un syner Fru« spielt jedenfalls irgendwo in der Nähe:

»Manntje, Manntje, Timpe Te,
Buttje, Buttje in der See,
Myne Fru de Ilsebill,
Will nich so, as ik wol will.«

Die Ordensburg in Bütow, von der aus der Blick auf eine verträumte Kleinstadt fällt, erinnert an bewegte Geschichte. Im 14. Jahrhundert kam das östliche Hinterpommern — die Lande Bütow und Lauenburg — an den Deutschen Orden. Im 15. Jahrhundert kehrte es als polnisches Lehen zu den pommerschen Herzögen zurück. Wieder zwei Jahrhunderte später, 1657, folgte die brandenburgische Besitzergreifung durch den Großen Kurfürsten, aus der — bis 1945 — die preußische Prägung hervorging.

Bütow/Bytów

*Stolz weht die Flagge
weiß und rot ...
Pommern — in seiner
alten Bezeichnung
»Pomorje«, das »Land
am Meer« — hat eine
lange Küste und den
feinsten Sandstrand
der Welt. Aber daß es
nun von Swine-*

Rathaus in Cammin/Kamień Pomorski

Das alte Lied mit immer neuen Strophen. In der Nähe hat einst auch das sagenumwobene Vineta gelegen — und ist untergegangen wie die Nachfolgestadt Wollin. Denn freilich, der Schein von Idylle überdeckt gnädig den Schrecken: Im März und April 1945 stand an der Dievenow für einige Wochen die Front, und Wollin, heute Wolin, im 12. Jahrhundert der erste Sitz des pommerschen Bistums, wurde im Feuersturm fast völlig zerstört. Nur wenig besser erging es Cammin, dem zweiten Bischofssitz. Immerhin blieb das Gebiet um den Dom einigermaßen verschont, und in Kamién Pomorski hat man das alte Rathaus sorgsam restauriert.

Von Cammin aus ist es nicht weit bis Misdroy/Międzyzdroje, dem Badeort auf der Insel Wollin. Dort bin ich für einige Jahre zur Schule gegangen, in die »Baltenschule«, die nach dem Ersten Weltkrieg Flüchtlinge aus Estland und Lettland gegründet hatten. Nie werde ich meine erste Schulstunde vergessen, einige Wochen nach Kriegsbeginn, im Oktober 1939. Die Lehrerin kommt herein, tritt ans Katheder; sie möchte reden und kann nicht. Sie weint, minutenlang, bis sie schließlich unter immer neuem Schluchzen herausbringt, was sie sagen

will: »Siebenhundert Jahre haben wir in Riga, in Mitau, in Reval gelebt. Und nun müssen alle fort. Die Heimat — die Heimat ist verloren.«

Es handelte sich um die finstere Verschwörung Hitlers und Stalins, um eine Frucht des Diktatorenpakts, der die baltischen Länder an die Sowjetunion preisgab. Bald kamen in Swinemünde Schiffe mit der Menschenfracht an, für die in Misdroy Hotels beschlagnahmt wurden, bis zum Weiterversand in das Gebiet, das jetzt der »Warthegau« hieß. Da mußten dann andere den Platz für sie räumen, die Unerwünschten, die »Untermenschen«. Wahrlich eine Flammenschrift an der Wand für jeden, der aufs prophetische Lesen sich verstehen und einlassen mochte: Das Zeitalter des Flüchtens und Vertreibens hatte begonnen. Man nannte es bloß noch nicht so, man sprach von einer »Heimkehr ins Reich« oder von den »Rücksiedlern«.

Die Baltenschule ist verschwunden, während das zugehörige Internat, schönfärberisch »Dünenschloß« genannt, noch steht. Inzwischen dient es als Ferienheim eines polnischen Betriebes, aber nichts sonst scheint verändert. Aus dem Speisesaal tönt das vertraute Tellergeklapper. Und haargenau dort, wo einst Schwester Edith ihre jugendlichen Patienten versorgte und manchmal sogar bei heimlich thermometerreibenden Drückebergern vor den Latein- oder Mathematikarbeiten ein Auge zudrückte — haargenau dort entdecke ich wieder eine Frau in der Schwesterntracht. Die Menschen gehen und kommen, ganze Welten stürzen ein, doch manches, so scheint es, bleibt unverrückbar.

Auch das erste Haus am Platze und an der Kurpromenade, das »Hotel Seeblick« steht noch, jetzt ebenfalls ein Ferienheim.

münde/Świnoujście an für Polen einen breiten Zugang zur See bietet, hat im Ursprung mit deutschem Wahn und deutscher Gewalt zu tun.

In der Vierten Teilung, als Frucht des Diktatorenpakts von Hitler und Stalin, sollte Polen der Weg ans Meer wieder und endgültig verriegelt werden, den es bis zur Ersten Teilung, 1772, über das

»Preußen Königlich Polnischen Anteils« — später »Westpreußen« und noch später »der Korridor« genannt — besaß. Es war das Linienschiff »Schleswig-Holstein«, das in der Morgendämmerung des

1. September 1939 mit seinem Feuer auf die Westerplatte den Zweiten Weltkrieg eröffnete. Für fünfeinhalb Jahre hieß dann Gdynia »Gotenhafen« ...

Der Seesteg allerdings mißrät zur Attrappe; sein vorderer Teil bleibt wegen Baufälligkeit gesperrt und darum für die Möwen reserviert. Aber das Meer tut seine Dienste wie je; unter der Sommersonne wimmelt es am Strand von Urlaubern, bis an den Fuß der Steilküste, die der »Kaffeeberg« krönt. Von dort aus könnte man bei klarer Sicht die Insel Rügen erkennen und bisweilen gar etwas vom dänischen Bornholm erahnen. Im Krieg sah man immer die aus der See ragenden Aufbauten des Frachters, der auf eine Mine gelaufen war, während in der Nacht von Swinemünde, genauer von Osternothafen, der Leuchtturm herüberblinkte, um mit seinem Verlöschen das Unheimliche, die Gefahr zu signalisieren: Feinde im Anflug.

Überall in den Orten längs der pommerschen Küste sieht es ähnlich aus wie in Misdroy. Gleich ob in Kolberg/Kołobrzeg, in Stolpmünde/Ustka oder Leba/Łeba: Massen von Menschen in den Straßen und am Strand, lange Schlangen vor allen Kiosken.

Zu den Kindheits-
erinnerungen an
Pommern, die nie
sich verlieren, zählt
der unvergleichbare
Geruch und Ge-
schmack von fang-
frisch geräucherten
Flundern. Denn ent-
lang der Ostsee ge-
hörte das harte
Handwerk des Fi-
schers zu den Urberu-
fen. Und der Fang
aus seinen Netzen,
wie auch aus den
Reusen in Flüssen
und Binnenseen, ge-
hörte in einem kar-
gen Leben zu den
Grundlagen der Er-
nährung.
Die früheren Bewoh-
ner wurden vertrie-
ben, und neue rück-
ten nach. Doch die
Natur ist geblieben,
und mit ihr der alte
Beruf. Er fasziniert
und er prägt die
Menschen noch
immer.

Jershöft,
Kreis Schlawe/
Jarosławiec

22

Früher einmal fuhren die Berliner in ihre pommersche »Sommerfrische«, nicht selten bloß fürs Wochenende. Inzwischen genießen die Polen das Strandleben. Gewerkschafts- und Ferienheime der

Betriebe, Campingplätze und Pfadfinderlager nehmen sie auf. Und Sonne — samt Sonnenbrand —, Wasser und Sand tun ihre Dienste wie je.

Misdroy/Międzyzdroje

Leba/Łeba

Kolberg/Kołobrzeg

Jershöft/Jarosławiec

Bunte Wochenmärkte bieten den Urlaubern Obst und Gemüse und Blumen an; an Kirschen, Gurken, Tomaten, Pilzen herrscht jetzt kein Mangel. Fliegende Händler haben ihre Stände aufgeschlagen, mit all dem Andenken-Kitsch, ohne den offenbar

die weltlichen Wallfahrtsorte unseres Jahrhunderts so wenig auszukommen vermögen wie die geistlichen. Und statt der Seelsorge gibt es hier die Körpersorge: Man kann sich wiegen oder den Blutdruck messen lassen.

*Massenbetrieb wahr-
lich, Jubel und Tru-
bel: »Zufrieden jauch-
zet groß und klein:
Hier bin ich Mensch,
hier darf ich's sein!«
Aber die Küste dehnt
sich; abseits der Bal-
lungen bleibt Raum
genug für Wanderun-* *gen in die Weite, in
die Stille hinein.*

Misdroy/Międzyzdroje

Nicht einmal ein Nebenschauplatz weit
von allen Bahnverbindungen wie Rowe/
Rowy blieb verschont. Zwischen Garder
See und Ostsee an der Mündung der Lupow gelegen, war Rowe einmal ein weltver-
lorenes Fischerdorf, strohgedeckte Katen
in die Dünen geduckt, so idyllisch wie arm.
Ein paar Künstler fanden sich ein, Max
Pechstein hat hier gemalt — zuletzt, wie die
neueste Sage erzählt, im März 1945 auf Ge-
heiß eines russischen Generals die auf brü-
chigem Eis zwischen den Fronten tanzen-

24

de, das Schießen hemmende Zauberin. Inzwischen: Jubel und Trubel, Ferienheime von Betrieben oder sonstigen Organisationen, Campingplätze und Pfadfinderlager. Was nur tun diese Leute, was fangen die unhimmlischen Heerscharen mit sich an, wenn es regnet?

Doch man lasse sich nicht beirren: Pommerns Küste ist lang. Immer ein wenig weiter nur, und die Betriebsamkeit verebbt, als gäbe es sie nicht. Zwischen Dünenketten und sanftem Wellenschlag kann man dann für Stunden wandern, ohne auf Menschen zu treffen, auf dem allerfeinsten Sandstrand, der sich erträumen läßt.

Seit der Mitte des 19. Jahrhunderts wurde auch Hinterpommern von den Eisenbahnen erschlossen. Sie erst ermöglichten es der Landwirtschaft, Getreide und Kartoffeln für die Märkte im Westen zu liefern.

Eine Epoche des Auf-
schwungs begann,
freilich kurz genug:
1945 demontierten die
Russen viele Geleise
und ganze Bahn-
strecken.

Andere rotten still
vor sich hin, weil das
Zeitalter der Autos,
der Lastwagen sie
überflüssig machte.

Geduldig erobert die
Natur zurück, was
sie einmal verlor.

Doch ist es nicht,
seltsam genug, gerade
das verlorene und
überwachsende Men-
schenwerk, das nun
als Idylle uns
anrührt?

Hundegebell, vielstimmig, gehört wohl überall zu den Dörfern alter Art. Wie einst zu Pommern, gehört noch heute zu Pomorze, daß die Hunde in den charaktervollsten und kuriosesten Mischun- *gen sich zeigen, vom modernen Kult der Stammbäume, vom Wahn der Artenreinheit und vom Fallbeil unserer Rassenwarte gnädig verschont.*

Besuche in den Dörfern

Fahrten durchs pommersche Land, Fahrten durch die Dörfer: Schöner sind sie kaum geworden, nein, wirklich nicht. Das Verschwinden der Strohdächer und weitgehend auch der Ziegeldächer zugunsten des Blechs, bei Neubauten das Vordringen des Betons, zu lieblosen, zwei- und manchmal sogar mehrstöckigen Einheitsbauten mit Flachdach gefügt: Zum Wohlgefallen des Betrachters tragen solche Neuerungen schwerlich bei. Freilich sollte man gerecht sein: Auch in den Dörfern der Bundesrepublik hat jener Kahlschlag einer heruntergekommenen Moderne schlimm genug gewütet, den die Gartenzwerge, Miniaturwindmühlen und Hollywoodschaukeln bloß noch unterstreichen. Hinter Platten und Putz verschwundenes Fachwerk, Glasbausteine, Jägerzaun und Waschbeton, billiger Einheitsstil der Supermärkte, der Siedlungen für Pendler oder der Lagerhallen, die vom preiswerten Baugrund angelockt wurden — wer kennt die Sünden nicht? Hier allerdings, in Pomorze, kommt eine gewisse Schäbigkeit hinzu. Vieles Alte wirkt abgetakelt, wackelig und windschief, und am Neuen bröckelt schon wieder der Putz. Vor allem macht sich ein chronischer Mangel bemerkbar, eine offensichtlich unheilbare Krankheit nicht nur Polens, sondern aller Länder des real existierenden Sozialismus: der Mangel an Farbe.

Und doch und zugleich: Wer einmal von den eigenen, eingefleischten Zwangsvorstellungen des penibel Aufgeräumten, Keimfreien und reklamehaft Bunten sich befreit, der entdeckt das noch ungebrochene dörfliche Leben. Alte Bäume und junges Gesträuch überall. Kinder erst recht. Aus den

Neben Gänseklein, Gänseschwarzsauer und vielem anderen stammt von ihnen die unvergleichliche »Spickgans«, die geräucherte Gänsebrust. Wahrlich: Neben der Fabelfigur des Greifen hätte der grauweiße Schnattervogel es verdient, als zweites Wappentier des Landes geehrt zu werden.

Geschnatter — das läßt ein pommersches Herz höher schlagen: Ihrer Natur gemäß, vertraut mit Wasser und grüner Weide, wachsen die Gänse heran.

Trieglaff, Kreis Greifenberg/Trzygłów

Glowitz, Kreis Stolp/Główczyce

Vorgärten leuchtet es, denn die heutigen Bewohner lieben Blumen wie ihre Vorgänger. Und sogar dem Unnützen bleibt Raum; keine chemische Keule erschlägt den Huflattich und die Brennessel. Tiere gibt es wie je, Katzen natürlich — und Hunde in den charaktervollsten oder kuriosesten Mischungen, vom Kult der Stammbäume und vom Fallbeil unserer Rassenwarte gnädig verschont. Hähne krähen auf dampfenden Misthaufen, Hühner gackern und scharren im Sand. Auf dem Weg zum

Als sei es die Dünung
der nahen See, hebt
und senkt sich das
Land in sanfter Be-
wegung, und der
Wind wiederum kräu-
selt Wellen ins Ge-
treide. Bäume und
Buschgruppen malen
ihre Zeichen wie die
Alleen; dunkel be-
grenzt der Wald die
Weite des Blicks.
Wirklich flach sind
eigentlich nur die
moorigen Wiesen, vom
Jungvieh und von den
Kuhherden schwarz-
weiß übertupft. Die
Moore selbst aber: ein
Atem noch vom Ur-
sprünglichen. Ver-
schwenderische Vielfalt
der Gräser, Kräuter
und Farne, Erlen- und
Birkenanflug; am Was-
ser stehen unbeweglich
die Fischreiher. Freilich
auch Stechmücken gibt
es da in Schwärmen,
und Pferdebremsen,
die die Pferde über-
dauert haben, stürzen
sich um so blutrünsti-
ger auf die Menschen,
die im vorsichtigen
Tasten oder im küh-
nen Sprung von Gras-
sode zu Grassode sich
hierher vorwagen.

In Pommern gehörte zwischen den Weltkriegen fast die Hälfte der landwirtschaftlichen Nutzfläche zum — meist adligen — Großgrundbesitz. In Pomorze ist der Anteil der Groß- landwirtschaft noch gewachsen; Staatsgü- ter, in Direktionen von mehreren tau- send Hektar zusam- mengefaßt, bestim- men weithin das Bild. Im deutlichen Gegensatz zur Misere der Zwergbetriebe in Polens alten Kerngeb- bieten können diese Großbetriebe durch- aus modern und ra- tionell arbeiten. Sie erwirtschaften stei- gende Erträge und können investieren; Pferde sind so selbst- verständlich wie im Westen von Traktoren und Mähdreschern abgelöst worden.

Bei Glowitz, Kreis Stolp/Główczyce

nahen Bach oder zum Dorfteich überque-
ren Enten die Dorfstraße, gemächlich
schaukelnd. Ganz besonders aber fällt das
Weiß jenes Schnattervogels ins Auge, der eigentlich neben dem Greifen es verdient hätte, als zweites Wappentier Pommerns geehrt zu werden: die Gans. Zischend zum
Gruß und zur Warnung des aufdringlichen
Heimkehrers stellt sich der Ganter vor seine Herde und führt sie an den Ort, der als
Natur ihr gebührt: ans Wasser und auf die
grüne Weide. Schweine rekeln und suhlen
sich; Schafe, Kühe und Pferde grasen auf
Koppeln, die noch nicht vom elektrischen
Draht, sondern von Holzzäunen markiert
werden — oder angepflockt am Wegrand,
um dort die Gräser und Kräuter zu nutzen,

die eine weise Straßenverwaltung ungescho-
ren davonkommen läßt: dem Menschen
verbundene Kreatur, zum Anfassen verfüh-
rend.

Aus der Vielzahl von Dörfern wählen
wir eines zum genaueren Hinsehen aus:
Trieglaff, Kreis Greifenberg, heute Trzygłów. Einst, in grauer Vorzeit, stand hier
das Heiligtum des dreiköpfigen Wenden-
gottes, an das der Name erinnert. Im ersten
Drittel des 19. Jahrhunderts kam Trieglaff
durch Einheirat in den Besitz der Thaddens. Der erste Namensträger am Ort,
Adolf von Thadden, gehörte zu den weithin bekannten Schafzüchtern. Mehr noch
wurde er bekannt als ein Begründer der
von Gutsherren getragenen pietistischen

In Zemmin, Kreis Stolp/Ciemino

*Zentrale Futteraufbe-
reitungsanlage einer
Güterdirektion. Weil
Polen die Devisen
zur Einfuhr von
Kraftfutter nicht auf-
bringen kann, sind
solche Anlagen für
die Aufzucht des
Viehs und für die*

*Milchleistung der
Herden entscheidend
wichtig.*

Bei Glowitz/Główczyce

Erweckungsbewegung, die Hinterpommern machtvoll durchlief. Und weil er mit
der halb orthodox erstarrten, halb liberal
verflachten Amtskirche sich überwarf, ließ
er im Dorf ein zweites Gotteshaus errich-
ten — symbolträchtig bis weit in die Zukunft hinein. Denn aus diesem Spannungs-
verhältnis stammt noch der Ansatz der
evangelischen Kirchentage, wie ihn der Ur-
enkel Reinold nach 1945 entwickelte. Die
Bewegung frommer Gutsherren hat übrigens auch Bismarck berührt; von Kniephof
ritt er herüber, freilich nicht bloß zum Be-
ten, sondern um Marie von Thadden zu
verehren. Der Glaube schwächte nicht etwa, sondern stärkte das junkerliche Selbstbewußtsein. Als sich im Ansturm der Revo-

lution von 1848 viele zunächst wegduckten,
standen die pommerschen Pietisten auf-
recht, nach dem alten Wahlspruch ihres
Landes: In Treue fest. Wovor denn sollte
man sich fürchten, wenn man wußte, was
einen erwartete — nämlich, wie Adolf von
Thadden einprägsam formuliert, »ein ehrli-
cher Galgen und eine fröhliche Auferstehung«? Eine Urenkelin ist dann tatsächlich
hingerichtet worden, ein Jahrhundert später, 1944: Elisabeth von Thadden als Mit
glied des Widerstandes gegen Adolf Hitler.

Als die Sieger von 1945 Einzug hielten, ergab sich eine seltsame Situation: eine kon-
fliktreiche Zweiteilung des Dorfes zwischen den zunächst herrschenden Russen
und den allmählich nachrückenden Polen,

Die Milchbank oder die am Wegesrand weidende Kuh, das einsame Gehöft inmitten der Felder, das bescheidene Freizeitvergnügen auf holprigem Grund: Überall fühlt sich der Besucher um ein oder

zwei Menschenalter zurückversetzt; sein Entzücken gilt der im Westen längst verlorenen Idylle.

Alles fordert freilich seinen Preis. Harte Arbeit bei kargem Einkommen bildet die Kehrseite der Idylle. Im schroffen Gegensatz zu den staatlichen Großbetrieben wirtschaften die Bauern zwar auf

eigenem Boden, aber durchweg auf Zwerghöfen — in Pomorze von durchschnittlich neun, in Polen insgesamt von kaum fünf Hektar —, die über eine mühsame Eigenversorgung hinaus kaum Marktleistun-

mit den verbliebenen Deutschen teils als den doppelten Opfern, teils von der einen Seite gegen die andere ausgespielt und geschützt. Als dann die Russen abzogen, sprengten sie »ihre« Kirche, sei es im demonstrativen Unglauben, sei es den Polen

zum Hohn. Doch Gott zum Lob blieb ja noch die zweite.

Heute regiert im Schloß Herr Momot als Güterdirektor. Wenn schon in Pommern der — meist adlige — Großgrundbesitz eine wichtige Rolle spielte, nach dem Ersten

*gen erbringen. Das
mangelnde Einkom-
men erschwert oder
blockiert zugleich die
Modernisierung: ein
Kreislauf der Rück-
ständigkeit, aus dem
es kaum einen Aus-
weg gibt.*

Weltkrieg mit der Hälfte der landwirtschaftlichen Nutzfläche, dann gilt das für
Pomorze erst recht. Aus den Familien-
gütern wurden die staatlichen Großbetriebe des Sozialismus, oft noch um bäuerli-
chen Streubesitz erweitert. So bewirtschaf-
ten diese Staatsgüter nun in der Woiwodschaft Słupsk 58 Prozent und in der Woiwodschaft Szczecin sogar 70 Prozent der
landwirtschaftlichen Fläche, und sie können es durchaus modern und rationell tun,
mit Traktoren und Mähdreschern.

*Neues Selbstbewußt-
sein in alter Umge-
bung: In Glowitz,
Kreis Stolp/Głów-
czyce, für Jahrhun-
derte ein Stammsitz
der Puttkamer, re-
giert im einstigen
Gutshaus heute Herr
Melka als Güterdirek-
tor. Nachdem eine
Reform die sozialisti-
sche Überzentralisie-
rung beseitigt hat,
können die Güterdi-
rektoren weitgehend
eigenverantwortlich
wirtschaften; sie tun
es mit Eifer und
Stolz. Von Männern
wie Alfons Melka
hängen heute Wohl
und Wehe, Stagna-
tion oder Fortschritt
der Landwirtschaft
ab.*

Auch die Bauernhöfe sind im Durch-
schnitt fast doppelt so groß wie in den alt-
polnischen Gebieten, in denen die Erb-
lasten noch immer nachwirken, buchstäblich: Die Gewohnheit einer Besitzteilung
unter den Erben hat zu Klein- und Krüp-
pelbetrieben geführt, die nicht leben und
nicht sterben, nicht rationalisieren und investieren können und bei mühsamer Arbeit über die Selbstversorgung hinaus
kaum Marktleistungen erbringen. Kein Zufall ist es darum, daß Pommern und Schle-
sien jetzt zu den Gebieten gehören, die
Überschüsse produzieren und wenigstens
einen Teil der polnischen Misere ausglei-
chen.

Herr Momot und seine Kollegen überall
im Lande regieren also, und sie tun es mit
Selbstbewußtsein und Eifer. Vor einigen
Jahren hat eine überfällige Reform mit dem
Unsinn starrer Zentralisierung aufgeräumt.
Seither dürfen die Güterdirektoren selb-
ständig wirtschaften; an ihren Entscheidun-
gen hängen Mißerfolg und Erfolg. Sofern
sie Gewinne erwirtschaften, können sie investieren, Maschinen anschaffen oder die
Wohnverhältnisse verbessern. Mit der Ei-
genverantwortung wächst, so scheint es, zugleich das Bewußtsein einer Kontinuität
über alle Umbrüche hinweg. Als ich die
Schafherde erwähne, die ich gesehen habe,
fällt die Bemerkung: »Wir wollen sie noch
vergrößern, aufs Zehnfache, und ein Zentrum der Schafzucht werden — das hat hier
Tradition.« Schafe sind überhaupt der neueste »Renner«; der Export von Hammel-
fleisch in die vom Öl gesegneten arabisch-is-
lamischen Länder soll kostbare Devisen erbringen. Zwar wird inzwischen sogar in
Pommern nach Öl gebohrt, aber die Hoffnungen auf ein eigenes Emirat werden sich
wohl schwerlich erfüllen.

Oben und unten: Budow, Kreis Stolp/Budowo

Neben den großen
und namhaften Seen
gibt es in Hinter-
pommern unzählige,
die kaum eine Karte
verzeichnet. Hier der
»Herrensee« in Trieg-
laff, Kreis Greifen-
berg/Trzygłów, an
den sich nur ein paar
Schritte weiter der
»Bauernsee« an-
schließt. Einen
Dorfteich gibt es
außerdem; das Gän-
sebild auf Seite 27
stammt von ihm.
Vom Gutspark um-
schlossen liegt der
Herrensee hinter dem
Schloß von Trieglaff,
das seit dem 19. Jahr-
hundert den Thaddens
gehörte. An diesem
See hat einst auch
Otto von Bismarck
gestanden, gesessen
und spaziert, viel-
leicht geträumt; von
Kniephof ritt er her-
über, um Marie von
Thadden zu verehren.

Trieglaff, Kreis Greifenberg/Trzygłów: Traditionsbewußtsein überwächst langsam, aber allenthalben spürbar, den Umbruch der Zeiten. Der pommersche Greif, den die Russen 1945 vom Sockel ins Wasser stießen, als gehe es ums Ertränken, nimmt seinen angestammten Platz wieder ein. Und das Schloß der Thaddens wird Zug um Zug restauriert. In seinem ältesten Teil, der der Erneuerung noch harrt, soll ein Gästehaus entstehen. Es wird auch und nicht zuletzt die Besucher aus dem Westen willkommen heißen.

Traditionsbewußtsein: Zug um Zug, mühsam mit den begrenzten Eigenmitteln über die Jahre hin wird das Thaddensche Schloß restauriert. Sein Hauptteil erstrahlt schon in neuem Glanz, das alte Greifenwappen Pommerns wie der Thaddens über dem Portal eingeschlossen. Die angrenzenden Hofgebäude werden ebenfalls erneuert; der Hof selbst hat sich mit Buchsbaum und Rabatten geschmückt. Am See gleich hinter dem Schloß nimmt die Fabelfigur des Greifen wieder ihren angestammten Platz auf dem Podest ein, von dem die Russen sie 1945 verstießen und ins Wasser hinabwarfen, als gehe es ums Ertränken.

Im ältesten Teil des Schlosses, der seiner Erneuerung noch harrt, möchte Herr Momot ein Gästehaus einrichten. Unwillkürlich gerät man für die Zukunft ins Träumen: Hier sollte man für einen Ferienaufenthalt Anker werfen. Die Kinder — oder die Enkel — könnten dann im herrschaftlichen See oder im zweiten, gleich angrenzenden sich vergnügen; sie könnten das ländliche Leben kennenlernen und mit den

Zu den Straßen alter Art gehörte die Zweiteilung. Auf der einen Seite waren sie mit Kopfsteinpflaster befestigt, um ganzjährig schwere Lasten transportieren zu können.
Auf der anderen Seite befand sich der »Sommerweg«, der besseren Jahreszeit vorbehalten und den Pferdebeinen zur Schonung zugedacht. Solche Straßen sind freilich auch in Hinterpommern heute nur noch selten zu finden.

züchters versagte die Orgel ihren Dienst. Sie wurde mit Mitteln restauriert, die der Ur-Urenkel des Erbauers und seine Familie aus dem Westen gespendet hatten, und die Wiedereinweihung wurde mit einem Gottesdienst festlich begangen, der vom Gemeinsamen sprach: vom Frieden und von der Versöhnung.

Dorfkindern Freundschaften schließen. Bequeme Tagesausflüge, auch an die Küste, würden das Land ringsum vertraut machen.

Aber vielleicht hat die Zukunft ja schon begonnen, unscheinbar und eindringlich genug: In der Kirche des frommen Schaf-

In Hinterpommern überwiegen die leichten, sandigen Böden. Zwar gibt es Ausnahmen, zum Beispiel im Rügenwalder Amt und — vor al-

lem — im Pyritzer Weizacker. Aber die Regel bilden sie nicht.

Darum war und ist die Kartoffel weit wichtiger als die Zuckerrübe.

Und heute wie einst wogt in der Weite der Felder mehr Roggen und Hafer als Weizen oder Gerste. Als Futterpflanze und als Leguminose, das heißt als Stickstoffsammler, ist nach wie vor die Lupine bedeutsam.

Das Schicksal der Städte

Kolberg/Kołobrzeg

Ein sehr unterschiedliches Schicksal traf 1945 die Städte. Der Krieg, bis zum Januar noch fern, hat im Februar und im März viele zerstört, teils durch den Kampf, teils durch den Übermut der Sieger.

Manche aber blieben auch gnädig verschont und zeigen das vertraute Gesicht.

Fahrten durch Pommern, Besuche in den Städten: Sie haben am meisten gelitten, als 1945 der Krieg über das Land brandete. Einige wurden im verbissenen Kampf fast völlig zerstört, Kolberg etwa, als Hafen zur Flucht und zur Rettung über die See verzweifelt verteidigt. Oder Naugard. Und Pyritz, unweit der Oder im fruchtbaren Weizacker gelegen, wo die Kämpfe mit russischen Vorausabteilungen schon Ende Januar aufflammten und sich dann für einige Zeit die Front bildete. Hier hatte im Jahre 1124 der Apostel der Pommern Otto von Bamberg zuerst das Christentum gepredigt; wegen der wohlerhaltenen alten Anlagen mit Stadtmauern und Wehrtürmen sprach man vom »pommerschen Rothenburg«. Dahin, dahin. In andere Städte, obwohl sie praktisch kampflos fielen, schleuderte der Übermut der Sieger die Brandfackel, zum Beispiel nach Stolp.

Wählen wir Kolberg. Die Geschichte berichtet aus dem 9. Jahrhundert von einer slawischen Burg. Salzquellen und die Transportmöglichkeiten des Salzes über die See gaben dem Ort wirtschaftliche Bedeutung, der 1255 lübisches Stadtrecht erhielt und später zu den Mitgliedern der Hanse gehörte. Der mächtige Mariendom stammt aus dem frühen 14. Jahrhundert. Im Siebenjährigen Krieg wurde die preußische Festung schon einmal — nein, dreimal von russischen Truppen belagert und 1761 erobert. Es folgte, 1807, der vaterländische Ruhm: August Neidhardt von Gneisenau und Joachim Nettelbeck, Verteidigung gegen Napoleons Franzosen, militärisch in einem längst verlorenen Krieg zwar wenig bedeutend, doch um so symbolträchtiger.

Köslin/Koszalin

Neustettin/Szczecinek

»Kolberg« hieß der letzte große Propagandafilm, der den Willen zum Durchhalten im abermals verlorenen Krieg stählen sollte. Im Frieden, im Zeitalter der Eisenbahnen entwickelte sich die Stadt an der Mündung der Persante zu einem bekannten Badeort, mit 36 600 Einwohnern im Jahre 1939.

Inzwischen Kołobrzeg: in den Sommermonaten ein menschenreicher Badeort wie nur je. In der Strandnähe prägen Hotels und Ferienheime das Bild, zum Teil bemerkenswert modern. Großzügige Park- und Grünanlagen schließen sich an. Aber der Wiederaufbau im zerstörten Kerngebiet um den Dom ergibt ein zwiespältiges Stadtbild — oder, strenger ausgedrückt, überhaupt keines. Zwar hat man das Gotteshaus nach seiner beinahe tödlichen Beschädigung in jahrzehntelanger Mühe sorgfältig restauriert, im Innern mit den leicht aus dem Lot geratenen Pfeilern, nach außen gewandt mit dem trutzigen Turm, an dessen Hauben im Jahre 1985 noch immer gearbeitet wird. Daneben strebt eine riesige Wohnmaschine himmelan, als wolle sie

Bad Polzin/Połczyn Zdrój

Neustettin/Szczecinek

Köslin/Koszalin

Naugard/Nowogard

den Dom übertrumpfen. Dann wieder sieht man Reste vom Alten und kahle Flächen, unter denen man die Trümmer von 1945 ahnt. Geduld ist gefordert, gewiß; auf ein paar Jahre kommt es nicht an. Doch weniges paßt in den Proportionen zueinander, und wenig spricht dafür, daß sich das ändern wird.

Aber vielleicht sollte man in weniger bekannten und gnädiger verschonten Städten mit einem eher durchschnittlichen Schicksal sich umschauen, in Treptow an der Rega zum Beispiel oder in Belgard an der Persante. Treptow: 1939 eine Kleinstadt mit knapp elftausend Einwohnern. Im Jahre 1170 wird der Ort als Siedlung zuerst erwähnt; wenig später begann mit einer Klostergründung der Zuzug deutscher Siedler. 1277 lübisches

Stadtrecht, dann Mitglied der Hanse. Das bedeutendste Ereignis in der älteren Geschichte war der Landtag von Treptow im Jahre 1534. Er beschloß für Pommern die Einführung der lutherischen Reformation, die dann Johannes Bugenhagen — in Wollin geboren und mit dem Beinamen »Pomeranus« — organisierte. In der neueren Zeit bis 1945 lebten die Bürger mit Polizeischule und Garnison; sie widmeten sich dem Viehhandel und der Holzverarbeitung; es gab Zucker-, Ton- und Zementfabriken, ein Kalksandsteinwerk, Amtsgericht und höhere Schulen — das Übliche eben eines beschaulichen Landstädtchens.

Belgard, im Jahre 1299 mit lübischem Stadtrecht versehen und 1939 mit knapp fünfzehntausend Einwohnern, war seit alters-

Widersprüche überall: Wiederherstellung des Alten, zumal der Kirchen, mit Sorgfalt und Sachkenntnis, protzig prahlende Neubauten und gleich daneben die Zeichen des Verfalls — bröckelnde Fassaden und schäbig verschlissene Hinterhöfe. Die Erbkrankheit des Sozialismus allerdings, der Mangel an Farbe, läßt ungewollt ganz eigene, faszinierende Tönungen entstehen, wie man sie sonst nur aus dem Süden Europas kennt.

Stettin/Szczecin

bekannt durch seine Pferdemärkte. Sonst stieß man auf ähnliche Kennzeichen wie in Treptow, von der Holzverarbeitung bis zur Garnison — die sich heute nicht etwa in eine polnische, sondern in eine russische verwandelt hat. Die Hauptkirche heißt Marienkirche — wie auch in Treptow, wie fast überall in Pommern und darüber hinaus längs der Ostsee von Lübeck bis Danzig. Gotische Gottesburgen aus Backstein, in der Regel mit dem gedrungen wehrhaften Turm, wie er, exemplarisch, am Kolberger Dom zu sehen ist.

46

Bad Polzin/Połczyn Zdrój

Geht man nun durch Städte wie Trze-
biatów und Białogard, so drängen sich
zwei Stichworte auf, widersprüchlich und
dennoch zusammengehörig: Verwahrlosung und Idylle. Verwahrlosung zunächst:
Es fehlt nicht bloß an der Farbe, die ja auch
dem Schutz der Türen, Fensterrahmen und
Balken dient. Überall bröckelt der Putz,
und die Fassaden, die Häuser überhaupt
morschen dahin. Die meisten wären noch
zu retten; bei einigen allerdings bleibt wohl
nur noch der Abriß und Neubau. Aber die
Mittel sind knapp, und die Knappheit wird
noch verschärft durch den lrrglauben, man
könne durch niedrig gehaltene Mieten je-
nem Mangel an Wohnraum abhelfen, den
man in Wahrheit genau damit produziert.

Idylle zugleich: Im Grunde sieht man
alte Bürgerstädte, wie um uns zu verwir-
ren, gerade hier bewahrt. Weder gibt es
die Blechlawinen von Autos, gegen die
man dann, künstlich genug, Fußgängerzonen aufbieten muß, noch unsere Bau-
sünden aus Glas und Beton, alle die mit
der Versuchung des Geldes den Stadt-
vätern abgelisteten Untaten von Banken,
Kauf- und Imbißpalästen oder Super-
märkten. Und im Mangel an frisch leuch-
tendem Anstrich entwickeln sich ganz
eigene, faszinierende Tönungen, fast
wie in alten Städten Südeuropas, dunkler
nur, vom Schwarzen über zahllose Zwi-
schentöne bis ins Braune und Graue hinein.

Trotz oder gerade wegen des Bevölkerungswechsels blieb vieles erhalten, was einmal war. Keine Einkaufs- und Geldpaläste entstellen die Innenstädte. Und weil das Zeitalter der Massenmotorisierung sich verzögert, muß man nicht erst Fußgängerzonen einrichten. Die Straßen laden zum Flanieren, die Plätze zum Verweilen ein; fast überall können die Kinder noch gefahrlos spielen.

Rügenwalde/Darłowo

Treptow a. d. Rega/Trzebiatów

Übrigens gibt es viel Grün — und Ländliches fast: Auf einer Straße mitten in Belgard/Białogard trotten gemächlich die Kühe. Falls wir freilich bei solchem Anblick unserer Neigung zu Hohn und Überheblichkeit nachgeben, zeigen wir nur, daß wir nicht mehr wissen, wie Landstädte einmal aussahen; in einem Bericht aus Schivelbein — 1928, neuntausend Einwohner — können wir nachlesen: »Im äußeren Bilde und in der Zusammensetzung der Bevölkerung ist Schivelbein die typische pommersche

Belgard/Białogard

Kreisstadt ohne jede nennenswerte Industrie. Neben den Kaufleuten und Handwerkern sind die Ackerbürger mit etwa 10 200 Morgen landwirtschaftlich genutzter Fläche beachtlich.« In Treptow/Trzebiatów wiederum findet man die Idylle gleich wenige Schritte neben dem Stadtkern: Stille Spazierwege unter alten Bäumen am Ufer der gemächlich fließenden Rega.

Etwas östlich von Schivelbein/Świdwin liegt Bad Polzin/Połczyn Zdrój, die Kurstadt Hinterpommerns, ein Moor-, Sol- und Stahlbad mit — wie Berichte aus der Vorkriegszeit besagen — »regem Kurbetrieb im Sommer und Herbst«. Den Ort und den Kurbetrieb gibt es noch, verwahrlost-idyllisch: im Kurpark trägt gerade ein Chor von Amerika-Polen patriotische Lieder vor. Fürs Abendessen allerdings bietet sich nur ein einziges Etablissement an, etwas außerhalb des alten Ortskerns. Es dient zugleich der Unterhaltung und dem Tanzvergnügen, mit einer Kapelle, die zwar laute, aber sonst schwerlich modern oder gar modisch zu nennende Musik produziert.

Belgard/Białogard

Treptow a. d. Rega/Trzebiatów

Belgard/Białogard

Kühe in der Stadt?
Ja, warum denn
nicht? Wer darüber
höhnt, zeigt nur, daß
er nicht mehr weiß,
wie unsere Landstädte
einmal aussahen —
und keineswegs nur
in Pommern.

Die Ackerbürger ge-
hörten zu ihnen, als
ein wichtiger Be-
standteil der Ein-
wohnerschaft. Und
zu den Ackerbürgern
gehörte das Vieh.

Eine Kehrseite der Beschaulichkeit, die den Besucher entzückt, bildet die Beschränkung. Abwechslung gibt es in den Kleinstädten kaum. Was eigentlich fangen die jungen Leute mit ihrer Freizeit, mit den Abenden und Wochenenden an, im Winter zumal? Plagt sie nicht das Fernweh? Die Lockungen aus der Ferne, die Bilder und die Rhythmen, die ein anderes Leben versprechen, haben sie doch längst schon erreicht.

Wie ein Notschrei, an die Mauer gesprüht, wie eine Parole politischer Auflehnung liest sich der Name des toten Abgotts aus dem Westen (Abb. S. 51).

Treptow a. d. Rega/Trzebiatów

Unwillkürlich gerät man ins Grübeln: Was eigentlich fangen ohne Diskothek und noch kaum motorisiert die jungen Leute mit ihren Abenden oder Wochenenden an, im Winter zumal? Man liest, auf die Mauer gesprüht, als sei es ein Notruf oder politische Parole: »John Lennon«. Haben Kino und Fernsehen und besonders die Botschafter der Musik aus dem Westen, die etwas ganz anderes vortragen als patriotischen Chorgesang, nicht längst die Sehnsucht nach Freiheit und Weite, nach einem neuen und anspruchsvolleren Leben geweckt, dem nicht immer bloß das alte Lied von Beschränkung, Verzicht und vertagter Hoffnung vorgespielt wird? Was also tun in Orten wie diesem Połczyn Zdrój die Altersgenossen unserer »Teenager« und »Twens«? Richten sie sich in den engen Verhältnissen ein, resignieren sie, macht Verbitterung sich breit? Oder gibt es vielleicht einen Zusammenhang mit der Tatsache, daß man so

Bad Polzin/Połczyn Zdrój

Naugard/Nowogard

viele junge Ehepaare sieht, die schon mit Kindern reichlich gesegnet sind?

Aus dem Grübeln steigen Erinnerungen herauf, an die Generationen der Groß- oder Urgroßeltern, in denen sechs, acht oder zehn Geschwister üblich waren. Meine Mutter pflegte zu erzählen, wie sie einer Frau im Dorf nach etlichen schweren Geburten von weiteren Schwangerschaften abraten wollte — und zu hören bekam: »Aber, Frau Jräfin, das ist doch unser einzjes Vergnüjen!«

Pottangow, Kreis Stolp/Potęgowo

Erinnerungen zurück bis ins 19. Jahrhundert, Erinnern an Labes: Der Ort hatte zwar schon 1295 sein lübisches Stadtrecht erhalten, aber noch 1939 war er über siebentausend Einwohner nur wenig hinausgelangt. Die Leute sprachen von »Schlurr-Labs«, weil dort, mit dem Oberteil aus Leder, die bei jung und alt beliebten »Schlurren«, die Holzpantinen hergestellt wurden. Mehr noch war Labes bekannt als Sitz des Landgestüts, der Hengststation, wie etwa Celle heute noch für das hannoversche oder Marbach bei Münsingen für das württembergische Zuchtgebiet. Auf ein Gut bei Labes hatte es einst durch Heirat eine musikliebende Bankierstochter aus Köln verschlagen. Ein entbehrungsreiches Dasein,

denn außer den Dorfmusikanten fürs Erntefest, der Feuerwehrkapelle oder vielleicht Posaunenbläsern beim Kirchenchor gab es weit und breit keine Musikproduzenten. Doch eines Tages fällt der Blick der Dame auf die Schlagzeile des Kreisblatts: Beethoven! Freudig erregt greift sie zur Brille: Kommt womöglich Bülow mit dem Meininger Hoforchester? Und sie liest die ganze Zeile: »Beethoven deckt in Labes.« Ja, was auch sonst hätte er hier tun sollen?

Belgard/Białogard

Rummelsburg/Miastko

Kolberg/Kołobrzeg

An westlichen An-
sprüchen gemessen
wirkt das Angebot in
den Läden durchweg
sehr dürftig. Zwar
bieten die Wochen-
märkte manchen

Ausgleich; wenigstens
im Sommer und im
Herbst herrscht an
frischem Obst und
Gemüse kein Mangel.
Aber über die
Grundbedürfnisse

hinaus steigen die
Preise rasch ins schier
Unerschwingliche an.
Wer kann sich zum
Beispiel das Abend-
essen im Restaurant
schon leisten, wenn es

einen Wochenlohn
verschlingt? Um so
bewundernswerter ist
der Hauch von Ele-
ganz, in den die
Frauen sich kleiden.

Die Rega bei Treptow/Trzebiatów

Die Wälder und die Seen

Bei Polzin, mit der Ausdehnung nach Süden und Osten, nach Dramburg/Drawsko Pomorskie, Falkenburg/Złocieniec, Tempelburg/Czaplinek, Neustettin/Szczecinek hin, beginnt ein Gebiet, das die »pommersche Schweiz« genannt wird. Eine rundum irreführende und ärgerliche Bezeichnung ist das freilich, so als hätten wir nur den Abglanz und die Nachahmung, nur das Zweitklassige zu bieten! Dabei findet man doch das ganz und gar Eigene, wahrhaft Originale. Gebirge und steile Schluchten, die schwindeln und schaudern machen, gibt es ohnehin nicht; keine »Via mala« weit und breit. In einem Verzeichnis mit dem Titel »Bemerkenswerte Höhen« werden als Gipfelpunkte genannt: Schimmritzberg südlich Bütow 256 Meter, Steinberg zwischen Bublitz und Rummelsburg 234 Meter; es folgen Bullenberg, Hochratzenberg, Dombrowaberg. Insgesamt sieben Erhebungen ragen über die Grenze von 200 Metern hinaus, und um zehn Plätze weiter sind wir dann schon beim sagenumwobenen Revekol mit seinen imponierenden 115 Metern.

Gewiß: Hinterpommern ist nicht flach, wenn man von den Mooren einmal absieht, von denen noch zu reden sein wird, nicht einförmig platt, wie so viele Leute es sich vorstellen, die das Land nie gesehen, aber vielleicht gehört haben, daß die Menschen hier »platt«-deutsch redeten. Fast immer gibt es Bewegung, ein sanftes Heben und Senken, wie von der Dünung der nahen See. Doch der Blick wird in die Weite geführt, ohne je zu ermüden. Dünung, Bewegung: Der Wind wiederum kräuselt Wellen ins Korn. Und Zeichen überall: Bäume

An der Dievenow, nüchtern betrachtet dem rechten Mündungsarm der Oder, sind die Träume zu Hause. An ihrem Ufer lag einst das sagenumwobene, das untergegangene Vineta. Und das Märchen vom Butt, die Geschichte »Von dem Fischer un syner Fru« spielt hier. Kurz vor ihrer Einmündung in die Ostsee weitet sich die Dievenow zum Camminer Bodden, der die Insel Gristow umschließt: einem Paradies für Süßwassersegler, wie es schöner — und weniger überlaufen — kaum zu denken und wohl nirgends zu finden ist.

Etwa von Bad Polzin/Połczyn Zdrój an nach Süden und Osten hin eine »pommersche Schweiz«? Nein, sondern das wahrhaft Originale: eine Landschaft eher herb als lieblich, immer *jedoch das Wasser und der Wald im Widerspiel und Zusammenklang.* *Wildgetier gibt es hier in Vielfalt und Fülle. Nur von Menschen, gottlob, wimmelt es nicht.*

Am Dratzigsee

und Buschgruppen, ein klarer Bach oder kleiner Fluß, der unter Weiden dahinschlängelt, vom überhängenden Gezweig fast verborgen. Ein Gehöft dann und wann, die Allee, die zum Vorwerk oder zum Dorf weist, das sonst sich entzieht, ein Kirchturm vielleicht, der aus der Ferne herauftaucht. Zur Grenze des Blicks dient der Wald, kieferndunkel und birkenhell. Nichts Aufgeregtes also, keine großen Kulissen mit dem Anschein von Abenteuer zum Herzeigen, nur der ruhige Atem dieser stillen Bewegung und Weite.

Hier nun, zum Südosten hin, frischt der Wind ein wenig auf und verstärkt die Dünung. Wir sind am pommerschen Höhenrücken. Für die Landwirtschaft ist das ein schwieriges Gebiet mit meist leichten und sandigen Böden. Man sieht Roggen und Hafer, Lupinen und Kartoffeln, aber kaum den anspruchsvolleren Weizen, um von der Zuckerrübe gar nicht erst zu reden. Entsprechend wichtiger wird der Wald, Kiefernbestände durchweg; je weiter nach Osten auf Rummelsburg/Miastko und Bütow/Bytów zu, desto deutlicher beherrschen sie das Bild. Und mit den Waldbeständen vermehrt sich das Wild, besonders das Schwarzwild. Im Kreise Rummelsburg lag das Bismarcksche Varzin, in seiner Nachbarschaft das Zitzewitzsche Püstow, berühmt für seine Hochwildjagd. Da nämlich schoß man die Wildschweine wie anderswo Hasen, zum Beispiel bei einer einzigen Treibjagd mit wenigen, allerdings sorgsam ausgesuchten Schützen 120 Stück

Am Dratzigsee

Wohl auf keine
andere Weise könnte
man die stille Schön-
heit Hinterpommerns
so angemessen erleben
und so tief auf sich
wirken lassen wie bei
einer Bootswande-
rung. Die kleinen
Flüsse, die vom balti-
schen Höhenrücken
nach Norden zur
Küste ziehen, bieten
sich dafür an: Rega,
Persante, Wipper,
Stolpe, Lupow und
Leba. Am schönsten
aber wäre es in der
Gegenrichtung, nach
Süden hin auf der
Küddow oder der
Drage, vielleicht bis
zur Netze hinunter.
Allerdings darf man
die Zeit nicht zählen:
In jedem der buchten-
reich verzweigten
Seen, die man durch-
fährt, könnte man für
Tage sich verlieren.

Die Drage bei
Falkenburg/Złocieniec

Am Streitzigsee

Hochwild, davon 86 Sauen. Zur Kehrseite gehört dann eben nur die geringe Ertragskraft der Landwirtschaft. Wie Otto von Bismarck einmal an seine Frau schrieb: »Geld ist dort schwer zu finden in den Rummelsburger Bergen.« Oder wie es ein

Besucher drastisch gesagt hat: »Der uralisch-baltische Höhenrücken ist nur geeignet für den Kiefernspanner, die wilden Schweine und die pommerschen Ureinwohner.«

Doch sage nur niemand, daß der Besuch sich nicht lohnt. Wer die Morgenfrühe so

Mit gepflegten Anlagen, mit Spazierwegen und Bänken unter alten Bäumen liegt Neustettin/Szczecinek direkt am Ufer des weitläufigen Streitzigsees. Hier wäre man für einen Segelurlaub am rech- *ten Ort, ohne das Boot mühsam vom Westen her mitschleppen zu müssen. Es gibt den Segelclub, der für wenig Geld gern ausleiht, was man braucht. Typischer freilich als die schnittige Yacht bleibt* *überall der alte, behäbig geruderte Kahn, aus dem die Männer ihre Angelruten werfen.*

Neustettin/Szczecinek

Greifvögeln zuschauen, vom Bussard bis zum Roten Milan. An den Waldrändern und Lichtungen wimmelt es von den roten Waldameisen, die ihre Nadelburgen auftürmen, meter- und manchmal fast mannshoch. Es heißt, daß es gegen das Reißen hilft, wenn man nackt sich hineinsetzt. Aber das sollte man wohl besser erst mit dem kleinen Finger probieren. Von Menschen allerdings wimmelt es nicht. Für Stunden könnte man wandern, ohne auf sie zu treffen, vom Förster, Waldarbeitern, einem Bauern oder dem Schäfer vielleicht abgesehen.

Freilich unversehens sind wir nun übers Ziel schon hinausgeschossen und kehren zurück in das Gebiet etwa von Dramburg/Drawsko Pomorskie bis Neustettin/Szczecinek. Was hier vor allem zum Entzücken verführt, sind die Seen: kleine und große, schilfumstanden oder waldverschwiegen, buchtenreich verzweigt und in vielen dieser Buchten von der weißen Wasserrose geziert, von Libellen überschwirrt, von den Stockenten, Bleßhühnern, Haubentauchern und der Vielzahl ihrer nahen oder weitläufigen Verwandtschaft durch-

wenig scheut wie die Abenddämmerung, kann das Wild beobachten, gegen das die Bauern noch heute die »Scheuchen«, die Menschenattrappen, in ihre kargen Felder pflanzen, vermutlich mit so geringem Erfolg wie eh und je. Man kann auch den

Zum Entzücken des Besuchers gehört, daß der chemische Tod aus Menschenhand noch nicht gesiegt hat. Sei es Kornblume oder Kamille, Klatsch-mohn oder Blut-weiderich: Überall am Rande der Wege und Felder, an den Uferböschungen duf-tet und blüht das angeblich Unnütze, von Schmetterlingen sanft überschaukelt.

66

»*Der Wald steht
schwarz
und schweiget,
und aus den Wiesen
steiget
der weiße Nebel
wunderbar.*«
*So haben wir es bei
Matthias Claudius
gelernt, aber nur*

furcht, denen das Schilf die Brutplätze
sichert.

Wer den Juchhei-Dudeldumdei-Betrieb
an westlichen Seen gewöhnt ist, den mag
die Beschaulichkeit beinahe schockieren,
die ihn hier erwartet, sogar auf der Höhe
des Sommers. Kein ungeduldiges Tuckern
oder Aufheulen von Motoren, kein Imponiergehabe moderner Akrobaten auf Was-
serskiern — und kein Publikum dafür.
Auch das Zeitalter der Surfbretter verzögert sich. Da und dort sieht man auf den
größeren Seen einmal ein Segel, so als sollte
es die Stille noch unterstreichen. In Neu-
stettin/Szczecinek, dessen Promenade direkt am Ufer des Streitzigsees liegt, gibt es
den Bootsbauer, den Segelmacher und ein
Klubhaus der Segler; man könnte dort sich
anfreunden und ein Segelboot leihen. Weit
typischer aber bleibt der alte, behäbig geruderte Kahn, aus dem Männer ihre Angelruten auswerfen. Manchmal sieht man ein
Zelt, nur selten eine Andeutung von Cam-
pingplatz. Und garantiert kann man nur
wenig weiter gleich wieder eine Bucht oder
Halbinsel ganz für sich haben — oder auch

den kompletten See. Wahrhaftig: Wer die
Ruhe und die Weite sucht, den anderen
Rhythmus des Ostens, der ist am rechten
Ort.

Oder vielleicht würde es die Krönung be-
deuten, wenn man mit einem Faltboot kä-

noch selten bekom-
men wir das Schau-
spiel zu sehen: nach
einem sonnenwar-
men Tag aus dem
Kontrast zur Abend-
kühle geboren diese
Hülle so dicht über
dem feuchten Grund.
Was wir noch ken-

nen, ist etwas ganz
anderes: die »Sicht-
weite unter fünfzig
Metern«, in die wir
lebensverachtend
hineinrasen.

me. In Tempelburg/Czaplinek könnte man die Reise übers Wasser beginnen und schon dort, im weit verzweigten Dratzigsee, für Tage sich verlieren. Aber ein verschwiege-ner Fluß wartet, wie er schöner nicht zu denken ist: die Drage. Zwischen den Ufern voll Schilf oder unter Bäumen treibt man mit einer sanften Strömung gemächlich voran, manchmal von Enten und Gänsen, immer von den Libellen begleitet, bis man den Großen Lübbesee erreicht. Wohl über-all kann man sein Zelt aufschlagen, wohl

Die Seen im südlichen Hinterpommern: Fast immer umdrängt sie dunkel der Wald, manchmal so dicht und verschwiegen, daß nur der Kundige sie findet. Und nirgendwo hat bisher ein lautstarker Massentourismus sie entstellt. Im Schilf sind die Stockenten, die Bleßhühner und Haubentaucher mit all ihrer nahen oder weitläufigen Verwandtschaft zu Hause. Schwalben zacken millimeterscharf über das Wasser, während ihnen entgegen die Hechte emporschnellen. In vielen Buchten blüht die weiße Wasserrose, von Libellen überschwirrt. Ach, und dann die Gerüche erst, in denen unsere Kindheitserinnerungen unverlierbar aufbewahrt werden, diese Mischung aus Frische und Moder!

Oben und unten: Am Streitzigsee bei Neustettin/Szczecinek

überall wird der Bauer für ein paar D-Mark gern seine Wiese zur Verfügung stellen, Brot und Milch noch dazu. Und wohl unwiderstehlich wird dann die weitere Fluß-wanderung locken, bis hinunter zur Netze. Eine andere, nicht weniger reizvolle Mög-lichkeit bietet die Küddow, vom Virchower See durch den Vilmsee bis Schneidemühl/Piła.

Was für ein Land! Nur dies scheint als Warnung geboten, dies um so dringender allerdings: Man könnte daran sich verlieren.

Den Millionenmassen
am Mittelmeer, den
Fernwehtouristen an
südlichen Stränden
gilt ein Tag ohne
Sonne als verloren,
verständlich genug:
Was sollen sie tun?
An Pommerns ver-
schwiegenen Seen
kommt solche Verle-
genheit gar nicht erst
auf. Wasser und
Wald in die Wolken
verschwebend, Vogel-
rufe aus dem Rohr,
die Würze überall
und jeder Atem
Genuß: Ein Tag vol-
ler Regen ist zum
ganz eigenen Erleben,
zum Bewahren, zum
Erinnern gemacht —
ein gewonnener Tag.

Am Streitzigsee

72

Winterbilder

Ein Lied, hinterm Ofen zu singen

»Der Winter ist ein rechter Mann,
Kernfest und auf die Dauer,
Sein Fleisch fühlt sich wie Eisen an,
Er scheut nicht Süß noch Sauer.«

So beginnt ein Gedicht von Matthias Claudius. Es beschreibt einen gestrengen Herrscher und endet mit den Zeilen:

»Und wenn er durchzieht, stehen wir
Und sehn ihn an und frieren.«

Winter bedeutete einmal, vor dem Zeitalter des elektrischen Lichts: die nur mühsam erhellte Dunkelheit. Vor allem bedeutete Winter in der angeblich guten alten Zeit: Beschränkung. Der Mangel, nicht selten die bittere Not, der Hunger bedrohte die Menschen wie die Tiere. In der Landwirtschaft sprach man vom »Schwanzvieh«, das nach den Entbehrungen des Winters zu schwach war, um auf die Beine zu kommen und daher am Schwanz auf die Frühjahrsweide geschleppt werden mußte. Den Menschen drohten Mangelkrankheiten, zum Beispiel die »englische Krankheit«, die Rachitis; zu den Schrecken meiner Kindheit gehörte der im Winter unabwendbare, alltägliche Löffel Lebertran, der den Mangel abwenden sollte. Oder es drohte Skorbut, weil frisches Obst und Gemüse nicht zu beschaffen waren.
Beinahe jeder Verkehr kam zum Stillstand, wenn der Eisgang auf den Flüssen und vor der Küste die Schiffe im Hafen festhielt, während auf den Straßen die Wagen-

räder entweder im Morast oder in den Schneewehen versanken; nicht von ungefähr hießen die für Pferdebeine gemachten Straßen bis 1945 »Sommerwege«. Sogar der Krieg kam zum Stillstand; die Heere zogen ins Winterquartier. Wenn sie es nicht mehr erreichten und sich vom Winter auf dem Marsch überraschen ließen, war die Katastrophe schon nahe, wie 1812 für Napoleons sieggewohnte Große Armee in Rußland.
Für Handel und Wandel schuf erst der Bau der Eisenbahnen Abhilfe. Wie es vorher im marktfernen Hinterpommern aussah, selbst als es schon befestigte Chausseen gab, schildert anschaulich ein Bericht der Stolper Kaufmannschaft: »Bisher war unsere Verbindung mit der Außenwelt nach Schluß der Schiffahrt so gut wie unterbrochen, wenigstens blieb uns alsdann nur als Kommunikationsmittel der teure und träge Transport auf Lastfuhrwerk übrig, der in bezug auf Schleunigkeit und Billigkeit den Ansprüchen der modernen Zeit bei weitem nicht mehr genügte. Der Kaufmann war daher gezwungen, die ihm im Winter von dem Landmann zugeführten Produkte aufzuspeichern und bis zur Wiedereröffnung der Schiffahrt zu warten, um sie in den Handel und zum Versand zu bringen. Es liegt wohl auf der Hand, daß durch die Aufspeicherung dem Kaufmann Zinsen und Unkosten erwuchsen, die lediglich der Produzent allein, also in dem angezogenen Falle der Landmann, bei Berechnung des Wertes seiner Lieferungen tragen mußte. Ebenso war auch der Geschäftsmann, der sich die Heranschaffung und den Verkauf der von außerhalb zu beziehenden Bedarfsgegenstände zum Erwerbszweig erkoren hatte, genötigt, für seine Kunden im Winter ein besonderes Warenlager hinzulegen

Vom hinteren Hinterpommern aus gerechnet liegt Rußland — sogar mit der alten Grenze zwischen Memel, Tilsit und Tauroggen — näher als Hamburg.

Der Einfluß des Golfstroms nimmt ab, der der Kontinentalmassen zu. Mit noch weit mehr Recht als der »Wandsbecker Bothe« Matthias Claudius könnten daher die Pommern ihr Lied singen von einem Winter, der »kernfest und auf die Dauer« sich bei ihnen einrichtet.

Alleen, von Rauhreif verzaubert, Felder, die unterm Schnee sich ins Endlose weiten, eine Sonne, durch Dunstschleier hindurch milde im Eisgang gespiegelt: Der Winter bringt seine besondere und strenge Schönheit, seine eigene Ästhetik mit sich. Nicht auf die Farben kommt es ihm an, sondern auf die Konturen — oder auf ihre Auflösung zwischen Himmel und Erde.

Rowen,
Kreis Stolp/Równo

und die darauf ruhenden Spesen den Konsumenten natürlich im Preise anzurechnen.«

Man tat also gut daran, sich rechtzeitig mit Vorräten einzudecken, um nicht zu sehr in die Teuerung zu geraten. Und danach tat man gut daran, so gut es eben ging die dunkle Zeit am wärmenden Ofen zu überdauern. Nicht von ungefähr heißt Claudius' Gedicht: »Ein Lied, hinterm Ofen zu singen.« Wie dann das Ende des Winters geradezu als Auferstehung erlebt und gefeiert wurde, kann man in Goethes »Faust« nachlesen, im Monolog zum Osterspaziergang:

»Sie feiern die Auferstehung des Herrn,
Denn sie sind selber auferstanden:
Aus niedriger Häuser dumpfen
    Gemächern,
Aus Handwerks- und Gewerbesbanden,
Aus dem Druck von Giebeln und
    Dächern,
Aus der Straßen quetschender Enge,
Aus der Kirchen ehrwürdiger Nacht
Sind sie alle ans Licht gebracht.«

Matthias Claudius lebte allerdings nicht in Hinterpommern, sondern in Wandsbek bei Hamburg. Von Stolp aus liegt die russische Grenze — sogar die von 1914 zwischen Memel, Tilsit und Tauroggen — näher als Hamburg. Der mildernde Einfluß des Golfstroms nimmt ab, der der Kontinentalmassen zu. Mit weit mehr Recht als der »Wandsbecker Bothe« konnten daher die Pommern von Wintern erzählen, die »kernfest und auf die Dauer« waren. Und sie machten sich ihren eigenen Reim:

»Ein rechter Bauer alter Art
trägt seinen Pelz bis Himmelfahrt.
Und vierzehn Tage nach Johann,
da zieht er ihn schon wieder an.«

Johannistag ist der 24. Juni. Zum Überleben wurde auch empfohlen: »Ohne Fußsack darf der Pommer nur vom 27. Juli bis zum 3. August reisen.« Dabei sind warme Sommer eigentlich die Regel, wieder bedingt durch die Nähe der Kontinentalmassen. Aber

Dorfschule zwischen Rumbske/Rumsko und Rowen/Równo

darf man je sicher sein? In einem Bericht über das Klima wird nüchtern festgestellt: »Auf dem Landrücken dauert die Wintertemperatur sehr lange an, um dann häufig in krassem Wechsel der sommerlichen Wärme zu weichen. Ein eigentliches Frühjahr fehlt fast ganz. Die Wärme tritt häufig ganz unvermittelt ein, wird aber nur zu oft von gefährlichen Nachtfrösten unterbrochen. Im südöstlichen Teile Hinterpommerns dauern die Nachtfröste regelmäßig bis in den Mai hinein. Nachtfröste im Juni, ja selbst im Juli sind

Rumbske, Kreis Stolp/Rumsko

keine Seltenheit. Ausnahmsweise, zum Beispiel im Jahre 1924, ist es sogar vorgekom-
men, daß bis in den Mai hinein Schnee gelegen hat. Vereinzelte Schneefälle im April und
Mai sind an der Tagesordnung. Die ersten
Herbstfröste setzen regelmäßig bereits in der
ersten Oktoberhälfte ein.«

Von den Freuden des Winters

Vergolden die Erinnerungen, täuschen
sie sogar? Oder verliert die Natur in dem
Maße ihren Schrecken, in dem wir die
Macht gewinnen, sie zu beherrschen? Vielleicht wirkt beides zusammen. Aber wie es
auch sei: Beim Betrachten von Winterbil-
dern taucht in der Erinnerung an eine
Kindheit und Jugend in Pommern nichts
dunkel Bedrängendes auf, kein Mangel und
kein Schrecken, sondern eine Vielzahl von
Freuden.

Ein Zauber hat die Landschaft berührt.
Die Bäume im Park, die Alleen, die Wälder
kommen ganz neu in den Blick, wenn der
Rauhreif sie schmückt. Die Weite der Felder weitet sich noch, wenn der Schnee sie
bedeckt. In der Wintersonne, die milde
durch Dunstschleier dringt, spiegelt sich
das Eis, das halb schon den Bach bedeckt.
Ein Ausflug an die Ostsee zeigt seltsame
Bilder, die kein Sommerbesucher je zu sehen bekommt. Das Leuchtfeuer auf der Hafenmole von Stolpmünde hat sich zum bi-
zarren Eispalast verwandelt, auch am
Strand türmen sich die Schollen aus Eis,
nach einem Sturm zu ganzen Wällen auf-
einandergeworfen.

Auf dem Dorfteich beginnt das Schlitt-
schuhlaufen. Das heißt, richtige Schlittschuhe sind selten, eigentlich ein Luxus.
Den meisten Dorfkinder haben die Väter
nur Stahldrähte unter die Holzpantinen gezogen. Aber was tut's? Auch darauf kann
man vortrefflich gleiten, mit dem richtigen
Anlauf vom Ufer herab beinahe quer über
den ganzen Teich. Oder man kann »peken«: mit einem Stock sich voranstaken,
der unten mit einer Nagelspitze versehen
ist. In Karzin allerdings, wo die Großeltern

*In der Kindererinne-
rung an Winterfreu-
den leuchtet zuerst
das Schlittenfahren
auf, dann das Rodeln
und das Schlittschuh-
laufen auf dem
Dorfteich.*

*Richtige Schlittschuhe
waren allerdings ein
Luxus; den meisten
Kindern hatten die
Väter nur Stahl-
drähte unter die
Holzpantinen gezo-
gen. Aber auch damit
konnte man trefflich
gleiten — oder*

*»peken«: mit dem
Stock sich voransta-
ken, der unten mit
einer Nagelspitze
versehen war.*

Rowen, Kreis Stolp/Równo

leben, bringt die Großmutter, die alle
»Frau Liebe« nennen, als Siebzigjährige
dem stolpernden Enkel die wahre Eleganz
auf Schlittschuhen bei.

Etwas später, wenn das Eis immer mehr
gewachsen ist, wird es aufgebrochen, in
Schollen zersägt, auf Wagen gewuchtet und
in den Eiskeller gefahren: eine besondere,
winterliche Art von Ernte. Der Eiskeller ist
an einem nördlichen Hang in die Erde ge-
graben, mit starker, doppelter Überda-
chung — oder sogar mit dreifacher. Denn
im Sommer wird die Sonne vom dichten Laubdach alter Buchen ferngehalten.
Hier, in seiner Winterherberge, schmilzt
das Eis nur ganz langsam ab. Im Kern hält
es sich über das ganze Jahr, so daß man
Fleisch, Fisch und alles sonst Verderb-

liche aufbewahren kann. Und dem Sommerbesucher aus der Stadt, der von »Eis-
dielen« berichtet, in denen man angeblich Eis sogar ißt — für teures Geld! —,
diesem Besucher kann man den Eiskeller
mit Stolz vorführen: So etwas haben wir
schon lange.

Natürlich: Daß die Straßen verwehen, gehört zum Winter. Das Auto ist also auf der
Fahrt nach Stolp wieder einmal bei Beckel
im Schnee steckengeblieben und mußte
mühsam freigeschaufelt werden. Doch dafür beginnt jetzt die große Zeit der Schlitten. Am Hang in der Fohlenkoppel wird ge-
rodelt. Noch viel schöner sind die Fahrten
im Pferdeschlitten, hinter Dampfwolken
aus den Nüstern der Tiere, unterm Schel-
lengeläut. Wen stört schon die Kälte? Man

Jede Jahreszeit brachte ihre besondere Art von Mühe und Arbeit mit sich, so auch der Winter. Aus dem Wald klangen Axt und Säge, auf der Tenne staubte die Dreschmaschine, vom Dorfteich wurden schwere Schollen für den Eiskeller geerntet, die Brennerei kam in Gang. Und in den Wohnstuben surrten die Spinnräder, klapperten die Webstühle. Doch nach der Kürze des Tages ließ sich manche Schummerstunde auf der Ofenbank verplaudern oder verdösen.

ist ja von Kopf bis Fuß dick eingemummelt. Für die Hände zum Beispiel gibt es erstens über den Strickhandschuhen noch die mächtigen Fäustlinge, zweitens die Pulswärmer, drittens den um den Leib geschnallten pelzigen Muff, in dem man die Hände sicher vergraben kann. Entscheidend ist aber der Fußsack, außen das Leder, nach innen der Pelz; bis hoch an die Brust versenkt kuschelt man sich hinein. Für die Ohren sorgen gleich doppelt Ohrenschützer und Pelzmütze; eigentlich bloß noch auf die Nasenspitze muß man achtgeben. Und, versteht sich, auf den Weg. Manchmal ist er unter dem überwehten Weiß kaum noch auszumachen; plötzlich gerät die eine Kufe in den Graben, und der Schlitten wirft seine ganze Menschenladung in den Schnee. Aber man fällt ja weich, reichlich gepolstert ohnehin; nur Geschrei und Gelächter zeigen weit in die Runde das Unheil an, das keines ist. Im übrigen bewährt sich — wieder einmal — »Faust«, der Jagdhund: Zuverlässig gräbt er die verlorenen Handschuhe und Pelzmützen aus dem Schnee hervor und »apportiert« sie, wie sonst die Hasen oder Fasanen.

Für die Erwachsenen bewährt sich der Winter als eine willkommene Zeit des Ausruhens von der harten Arbeit, die von der Frühjahrsbestellung bis zur herbstlichen Kartoffelernte kaum eine Pause zuließ. Gewiß: Jede Jahreszeit kennt ihre eigene Arbeit. Aus dem Wald klingen Axt und Säge, in der Scheune brummt hinter einem Wall von Staub die Dreschmaschine, die Brennerei kommt in Gang. Selbst in den Wohnungen ist man fleißig: Die Spinnräder surren, und in der »guten Stube« wird der Webstuhl aufgestellt, der fürs halbe Jahr auf dem Dachboden geruht hat. Doch die Tage sind kurz; manche Stunde kann man auf

der Bank am Ofen verplaudern oder verdösen, aus dessen Röhre verführerisch der Bratapfel duftet.

Ach, diese Gerüche überhaupt und überall! Sie verschweben so rasch. Und sie bleiben dennoch, unverlierbar; sie bilden den

Nicht zuletzt war der Winter eine Zeit der verlockenden häuslichen Düfte: vom Bratapfel aus der Ofenröhre und von den Spickgänsen aus der Räucherkammer, von Kaffeebohnen, wenn die Mamsell sie in einer eisernen Trommel auf dem Herdfeuer röstete, vom Pfefferkuchen, wenn es auf Weihnachten ging.

In Glowitz/Główczyce

Urstoff, aus dem eine Kindheit sich formt, die Schatztruhe des Erinnerns, die bis ins Alter bewahrt, was einmal war. In den Dorfladen mit der Aufschrift »Emil Priedigkeit — Kolonialwaren« locken die frisch gebrannten Mandeln. Zu Hause dreht die Mamsell überm offenen Herdfeuer in einem Eisengestell die Trommel, in der die Kaffeebohnen rösten. Die hohe Zeit der Schlachtfeste ist gekommen, für die Gänse zuerst, dann für die Schweine; in der Räucherkammer reifen die Spickbrüste, die

Schinken und die Würste; zum Strauch und zum Sägemehl von Buche und Eiche liefert Wacholder die besondere Würze.

Wahrhaftig, Gerüche überall. Gekochter Leim und harziges Holz beim Stellmacher. Sengendes Horn beim Schmied, wenn am Pferdehuf das glühende Eisen anprobiert wird. Kartoffelflocken und Schlempe in der Brennerei. In der wohligen Wärme der Ställe die charakterfesten Duftnoten bei Schafen, Kühen, Pferden, meist beruhigend stumpf, manchmal — beim Ausmi-

Hafenmole in Stolpmünde/Ustka: ein Kristallpalast, weder für die Sommerfrischler von gestern noch für die Touristen von heute gemacht, sondern den einheimischen Genießern vorbehalten. Eispanzer verwandeln die Seestege und Seezeichen, die Buhnen in bizarre Gebilde. In strengen Wintern friert die Ostsee zu, so weit der Blick nur reicht. Wenn dann ein Sturm die Schollen auf den Strand wirft, türmen sie sich zu wahren Polarlandschaften, denen bloß noch die Pinguine fehlen.

sten — aber auch brennend scharf. Die aufregendste Zeit kommt in den Ställen allerdings erst in der zweiten Winterhälfte aufs Frühjahr hin, in der Hauptzeit des Lammers, Kalbens und Fohlens. Der Kutscher schläft jetzt mehr im Stall als zu Hause, denn unweigerlich setzen bei »Schwalbe«, »Abendröte« und »Standarte« die Geburtswehen zwischen Mitternacht und Morgen ein. Wenn dann stürmisches Klingeln und Klopfen die Nachtruhe unterbricht, weiß jeder: Es ist soweit. Nachdem aber alles

In Glowitz/Główczyce

glücklich überstanden ist, beglückwün-
schen sich die Männer mit dem vorsorglich
mitgebrachten Schnaps zu ihrem schweren
Werk, indessen die kaum noch beachtete
Mutter ihr Kind ableckt.

Fragen mögen sich freilich aufdrängen,
kopfschüttelnde Bedenken: Was fing man
eigentlich mit den endlos langen Abenden
an, in die so früh schon die Dunkelheit ein-
brach, von keinem Fernseh- oder Videopro-
gramm erhellt? Herrschte, genau betrachtet, nicht weithin der Stumpfsinn, wurde

Das »Lied hinterm Ofen« kann man nur singen, wenn er Wärme spendet. Früher wurde er mit Holz und — vor allem — mit Torf geheizt.

Heute transportieren die Lastenwagen Briketts, Koks, Kohlengrus. Denn die Steinkohle gehört zu Polens wenigen Reichtümern. Ihr beißender Rauch liegt schwer über Dörfern und Städten.

Grade vermehrt und so einen bedeutenden Teil der Bevölkerung dem Idiotismus des Landlebens entrissen« hat?

Mit Verlaub: Solche Fragen sind falsch gestellt. Sie entstammen jener anderen, neueren Welt, die wir mit zweifelhaftem Lob die moderne nennen und zu der es gehört, daß als Gegenstück zur immer drohenden Langeweile die Gier nach Sensationen, nach Zerstreuung und Ablenkung ins Unendliche wächst. Von der Sorge fürs Vieh, vom Spinnen und Weben, vom Putzen, Stricken, Stopfen, Nähen einmal abgesehen: Wozu braucht man die fremden Unterhalter, wenn man selbst aufs Unterhalten, auf das Geschichtenerzählen oder Vorlesen sich vortrefflich versteht? Oder aufs Singen? Denn, in der Tat, sangesfreudig waren die Pommern, in der Kirche ebenso wie in der Küche, kunstvoll vielstimmig auch ohne einen Chorleiter. Und vermutlich gilt das nicht bloß für Pommern, sondern überall in der »vormodernen« Welt. Das Erzählen und das Singen gehört zu ihr; es verstummt in dem Maße, in dem die Lautsprecher aufgedreht werden und die immer neuen, immer gleichen Bilder aus der Ferne uns bestürmen.

Idiotismus des Landlebens? Welch ein Unsinn, von Ahnungslosigkeit vernagelt. Von Idylle ist freilich keine Rede, nur vom Menschlichen in seiner älteren Form, in einer genauen und das heißt auch harten Gestalt. Zum Erzählen gesellen sich als Geschwister die Neugier und der Klatsch. Man lebt ja so dicht beieinander; jeder weiß von jedem schon viel und möchte doch mehr, möchte alles wissen. Zu ihrem Klatsch treffen sich die Männer im Dorfkrug, die Frauen in der Spinnstube. Wer »geht« mit wem, wer sondert sich ab? Für den Außenseiter bleibt zwar Platz, aber

darum so gern und so herzhaft getrunken? Muß man Karl Marx nicht zustimmen, wenn er im »Kommunistischen Manifest« als Errungenschaft der Bourgeoisie preist, daß sie »die Zahl der städtischen Bevölkerung gegenüber der ländlichen in hohem

kein Ausweg. Die gichtverkrümmte Frau, die sich auf Kräuter und Salben versteht, wird leicht zur Hexe erklärt, auch wenn keine Scheiterhaufen mehr entflammen. Und dem Dorftrottel lachen die Kinder hinterher. Allerdings gehört auf seine Weise auch er zur Gemeinschaft. Weil es keinen Ausweg, keine Alternativen gibt, wird niemand wirklich ausgesondert — und niemand verhätschelt. Die Kranken und die Alten werden bis ans Ende zu Hause versorgt, weil es sich so gehört und andere Möglichkeiten gar nicht in den Blick kommen. Die Kehrseite heißt Abhängigkeit; über eigene Mittel verfügen die Alten kaum.

Auf eine besondere Weise geht es sachlich zu, nicht sentimental. Sentimentalität ist die Erfindung des neuen Zeitalters, von dem aus dann, im romantischen Rückblick und Mißverstehen, die ältere Form des Menschlichen zum Paradies sich verklärt. Die Sachlichkeit gilt übrigens den Tieren ebenso wie den Menschen. Für die Schwalben macht man Fluglöcher in die Ställe, nicht weil sie so schön schilpen, sondern weil sie Fliegen vertilgen. Eine Katze, die nicht maust, wird ertränkt. Und der Hofhund wird an die Kette gelegt, mag er dabei heulen, wie er will.

Doch kehren wir in den pommerschen Winter zurück, beobachten wir einen typischen Abend im Gutshaus — oder »im Schloß«, bei »den Höf'schen«, wie die Leute im Dorf sagen. »Ist euch auch so koddrig?« fragt pünktlich um dreiviertel sechs der Vater, der jetzt seinen Grog trinken möchte. Aber scheinheilig versichert jeder, daß er sich noch nie so wohl gefühlt habe. Natürlich ist das ein Ritual. Natürlich warten alle schon darauf, daß ein Kaminfeuer entzündet wird, damit man zusammenkommen und sich äußerlich wie innerlich erwärmen kann. Außerdem möchte man die »Zeitung für Hinterpommern« lesen und kommentieren, das große und das kleine Weltgeschehen von den Reichstagswahlen bis zu den Todesanzeigen. Von da ist es nicht weit bis zum Ferkelsterben im Schweinestall. Hingegen hat die Oma Kreft, die schon nicht mehr aufstehen wollte, dank Mutters Medizin, Hühnerbrühe und Zuspruch sich wieder erholt. Und Marie, das bewährte Stubenmädchen, möchte »sich verändern«, wie sie es ausdrückt, das heißt den Gärtner heiraten. Wer soll die Nachfolgerin werden, vielleicht ihre Schwester Frieda? Kurzum, es geht zu wie überall; menschliche Wißbegier mischt die Information mit dem Klatsch, und die Zeit vergeht wie im Fluge.

Nach dem Abendessen gibt es verschiedene Möglichkeiten. Vielleicht sind die Cousinen Ursula aus Zemmin oder Teta aus Glowitz herübergekommen, die so drastisch und so komisch erzählen können; das Gelächter will dann kein Ende nehmen. Oder es wird vorgelesen. Zu meinen schönsten Kindheitserinnerungen zählt das Gewohnheitsrecht, nicht ins Bett geschickt zu werden ohne das Vorlesen. Grimms und Andersens Märchen, die Wunderbare Reise des kleinen Nils Holgersson, Robinson Crusoe, Sigismund Rüstig und Lederstrumpf, Gullivers Reisen, Schwabs Sagen des klassischen Altertums, Winnetou: Nichts wird ausgelassen, bis die Ungeduld des Selberlesens ins Unermeßliche wächst.

Ganz besonders beliebt ist es aber, Spiele zu spielen. Es gibt so viele, zwischen denen man wählen kann: Bridge, Rommé, Poch, Ma-jong, um nur wenige zu nennen. Ebenso beliebt sind die Rate- und Schreibspiele, auch die Scharaden, die zur Pantomime sich auswachsen. Manchmal entstehen absonderliche Familiengewohnheiten, die Uneingeweihte zur Verzweiflung treiben, etwa beim Ratespiel, das »Der alte Herr oder Turnvater Jahn« genannt wird. Jemand denkt sich eine Figur aus — zum Beispiel »den alten Herrn«, womit Hindenburg gemeint ist und die anderen müssen die Figur durch indirekte Fragen erraten: »Was ist sie als Jahreszeit?« »Spätherbst.« »Als Hunderasse?« »Bernhardiner.« Und so fort. Das Verheerende ist bloß, daß die Familienmitglieder statt auf Napoleon oder die Königin Luise immerfort auf die gleiche Verrücktheit verfallen: Turntante, Turnneffe, Turn-Urenkel Jahn... Mit alledem erweisen die dunklen Abende sich wirklich nie als zu lang, sondern weit eher als beklagenswert kurz.

Zu den Höhepunkten des Winters führen die großen Treibjagden, sorgsam vorbereitet. In der näheren und weiteren Nachbarschaft müssen zunächst die Termine abgestimmt werden, damit es keine Überschneidungen gibt. Dann planen der Jagdherr und sein Förster: Wo genau sollen auf den Feldern die »Kessel« angelegt werden oder wo im Wald die Schützen postiert sein? Welche Zeit braucht man? Mit der Uhr in der Hand schreitet der Förster alle Strecken ab. Auch die Hausfrau und die Mamsell planen für das abendliche Festessen, »Diner« oder handfester »Schüsseltreiben« genannt. Schließlich steht die Ehre des Hauses, zumindest die gute Ruf seiner Küche auf dem Spiel. Dabei dürfen die Kutscher nicht vergessen werden; sie kommen ja überall herum und verbreiten die gute Meinung so zuverlässig wie das Abschätzige.

Einige Jagdgäste treffen schon am Vorabend ein, die meisten jedoch in der Morgendämmerung, je nach der Wetterlage im Wagen oder im Schlitten. Durchweg handelt es sich um geübte Schützen. Freilich lassen sich Ehrengäste nach der Art jenes Landrats nicht immer vermeiden, der einen Mann erblickt und ihn fragt: »Sie kommen mir so bekannt vor. Wo habe ich Sie schon einmal getroffen?« Darauf der Treiber, mit sprechender Geste zu seinem Hinterteil: »Hier, Herr Landrat, hier.« Nach einem kräftigen Frühstück fahren die Jagdwagen vor — eigentlich Arbeitswagen wie zur Kartoffelernte, in die man seitlich Holzbretter zum Sitzen und hinten eine Treppe zum Auf- und Absteigen eingehängt hat. Der Jagdherr schärft noch einmal ein, was geschossen werden darf und was nicht. Dann geht die Fahrt zum Ablaufpunkt des ersten Kessels.

Voran der Förster auf der einen und ein erfahrener Vorarbeiter auf der anderen Seite, ziehen sich zwei Menschenketten in die winterliche Weite hinaus, jeweils auf halbem Kreisbogen und nacheinander stets vier bis sechs Treiber, von einem Schützen gefolgt. Jetzt muß sich die Planung bewähren: Der Kreis des Kessels soll ganz und gleichmäßig umschlossen werden, ohne daß zuletzt am Ablaufpunkt noch Leute übrigbleiben oder fehlen. Ein Signal aus dem Jagdhorn zeigt an, daß der Kessel geschlossen ist. Bei strengem Frost trägt übrigens der Förster das Mundstück in der Tasche; es könnte sonst, sekundenschnell, an den Lippen anfrieren und die Haut abreißen. »Antreiben!« — ein zweites Signal. Jetzt setzt sich alles zum Zentrum hin in Bewegung. Es wird laut: Treiberstöcke, an Erdschollen, Steine, die Stiefel geschlagen; Rufe: »Hohoho« oder drohend gedehnt: »Haaas, Haaas«; Schüsse, vereinzelt erst, wie zur Probe, dann rasch, immer rascher zum wildesten Wirbel. Beschleunigter Puls, Jagdfieber: Hasen versuchen, sich hakenschlagend zu retten, ein Fuchs taucht auf, Fasanen stieben empor, Hunde stürzen der Beute nach, die den Treibern entging. Wenn der Kessel eng geworden ist, tönt wieder ein Signal: »Treiber vor!« Die Schützen bleiben stehen und dürfen aus ihrem Ring jetzt nur noch nach außen feuern; verblüffend genug springt manch ein Hase noch unter den Füßen der zusammenkommenden Treiber aus seiner Sasse.

Dem zweiten oder dritten Kessel folgt das Mittagessen. Am windgeschützten Ort lodern die Scheite; neben der Erbsensuppe mit Speck und — als Besonderheit — mit Schweineohren hilft ein klarer Korn zur inneren Wärme. Dann geht es bis in die Dämmerung weiter, vielleicht mit einer Variante im Wald, bei der die Treiberkette das Wild auf die wartende Schützenkette »drückt«. Am Ende wird, schon unterm Fackelschein, auf dem Gutshof die »Strecke gelegt« und von den Jagdhörnern »verblasen«.

Eine Pause, ein Atemholen: Man wäscht sich, ruht ein wenig, zieht sich um. Inzwischen sind die Damen eingetroffen; festliche Garderobe ist nun angesagt, Smoking und langes Abendkleid. Die Tischordnung wird studiert, über der die Gastgeber lange gebrütet haben: Wer führt wen zu Tisch, welche der jungen Leute setzt man kupplerisch zusammen, welche besser nicht? Tischreden: Der Jagdherr ruft den Schützenkönig aus, der sich mit seiner mehr oder minder gelungenen »Damenrede« revanchiert. Später die wogende Gesellschaft: Gläserklirren, Gespräch und Gelächter, Zigarrenrauch, ein Flirt da und dort; manche der Herren können freilich kaum schnell genug an den Billard- oder den Bridgetisch

gelangen. Endlich, in der fortgeschrittenen Nacht, die Vorfahrt und Abfahrt der Wagen oder Schlitten, deren Kerzen in den beiden Laternen eher Positionslichter markieren als den Weg erhellen: »War mal wieder prachtvoll, alter Junge ... Bis übermorgen in Zezenow!«

Noch von einem anderen Höhepunkt des Winters muß unbedingt erzählt werden: von Weihnachten. Das Fest hat seinen festen Platz, seine genauen Grenzen. Nicht schon Wochen im voraus beginnt auf Marktplätzen, vor Kaufhäusern, in Vorgärten das Leuchten, sondern präzise am Heiligen Abend, in der Christmette. Es beginnt aus der Hand der »Katechumenen«.

Das sind die Kinder, die der Pastor zur Einsegnung hinführt, zwei Jahre oder vielmehr zwei Winter hindurch. Denn im Sommer ist wegen der Pflichten auf Weide und Feld, vom Gössel- und Kühehüten bis zur Kartoffelernte, an Unterricht nicht zu denken. Erst im zweiten Winter spricht man von Konfirmanden, im ersten von den Katechumenen.

Die nun tragen schwer an ihrem Amt. Während der Christmette treten sie vor den Altar, entzünden an seinen Kerzen ein Licht, wenden sich zur Gemeinde und sagen einen Spruch aus den Weissagungen auf. Dann geben sie ihr Licht an den Weihnachtsbaum weiter. So beginnt nach und nach das Leuchten über der Krippe, Spruch um Spruch: »Und du, Bethlehem Ephrata, die du klein bist unter den Städten in Juda, aus dir soll mir der kommen, der in Israel Herr sei, welches Ausgang von Anfang und von Ewigkeit her gewesen ist.« Im breitesten Pommersch hört sich das besonders schön an. Und noch schöner ist es, wenn vor Eifer und Aufregung eines der Kinder ins vertraute Platt zurückfällt, wenn der schwierige Satz: »Derselbe soll dir den Kopf zertreten« umkippt zu: »Derselbe soll dir — den Kopp zerpedden.«

Daß es auf Weihnachten geht, hat übrigens ein paar Tage, vielmehr Abende vor dem Heiligen Abend durchdringend lustvolles Angstgeschrei aus der Küche schon angekündigt: Der Weihnachtsschimmel ist da. Nüchtern besehen handelt es sich um einen maskierten jungen Mann, der sich als Gestell das Vorder- und Hinterteil eines Pferdes umgebunden hat, mit weißen Laken verkleidet. Manche meinen, daß der Weihnachtsschimmel an den germanischen Obergott Odin erinnern soll. Aber wie mischen sich Germanisches und Slawisches zusammen, wer will und wer kann das so genau noch wissen? Die Ursprünge versinken, die Bräuche bleiben.

Den Schimmel begleitet der Bär, eine ganz in Stroh gebundene furchterregende Gestalt, vom Bärenführer an der Kette mühsam zurückgehalten. Und zum Bären gesellt sich der Storch. Eine Trommel wird geschlagen, der »Trecksack«, die Ziehharmonika ertönt, manchmal eine selbstgebaute »Teufelsgeige«. Der Weihnachtsschimmel stößt jeden an oder um, auf den er trifft; der Storch will die Frauen ins Bein beißen; der Bär möchte alle Leute fressen, doch mit Vorliebe junge Mädchen, deren Aufkreischen seinen Appetit deutlich anregt. Zum guten Ende wird ein Korb herumgereicht, und mit Äpfeln, Gebäck und anderen guten Gaben kauft man sich vom Weihnachtsschimmel los.

Natürlich gibt es auch sonst mit den Vorbereitungen auf Weihnachten die Vorfreude. Teig wird gerollt, zu Sternen ausgestochen, die Kuchenbleche werden eingerieben, das Backen beginnt, der Duft von Pfefferkuchen durchzieht das Haus. Und der

Junge hat lange über seinem Wunschzettel gebrütet, unfähig, sich zwischen der Dampfmaschine und einer neuen Lokomotive für die elektrische Eisenbahn zu entscheiden. Ohnehin bleiben die Überraschungen nie aus. Zwar, daß die Bärenfamilie wieder einmal Zuwachs erhält, ist fast schon Routine. Um so mehr aber verblüfft das vierrädrige Tretmobil, mit dem man dann auf dem langen Flur vor der Küche fast bis zur Atemlosigkeit rasen kann — oder bis die Mamsell, von den Leuten im Dorf viel treffender »de Köksch« genannt, mit geschwungenem Scheuertuch den Weg sperrt: »Na wart', du kriegst mit diesem!«

Kaum zu ertragende Spannung also, Hinüberschielen zum Gabentisch, wenn die Mutter die Weihnachtsgeschichte vorliest: »Es begab sich aber zu der Zeit, daß ein Gebot von dem Kaiser Augustus ausging, daß alle Welt geschätzt würde...« Flüchtiges Grübeln allenfalls, vom pommerschen Winter umfangen: Was nur hatten die Hirten mit ihrer Herde auf dem Felde zu suchen? »Das Schaf frißt Sand, aber keinen Schnee«, sagte das Sprichwort. Es findet, sollte das heißen, überall noch etwas, sogar auf herbstlichen Stoppelfeldern, die unserem Auge als völlig kahl erscheinen. Aber im Winter braucht es den Stall und die Fütterung. Und warum waren diese Hirten ausgerechnet des Nachts auf dem Felde? Wollten sie nicht gesehen und nicht erwischt werden, hüteten sie etwa auf dem Herrschaftlichen? Das würde zumindest erklären, warum sie so sehr sich fürchteten, als die Klarheit des Herrn um sie zu leuchten begann.

Ach, die Winter- und die Weihnachtsfreude: Wieviel wäre noch zu berichten, zu erinnern an das, was einmal war. Wie die Freude sich fortsetzt am nächsten Tag in

Aus der Mitte schöner Erinnerungen bricht plötzlich der Schrekken hervor.

Denn diese im eisigen Wind halb überwehte, halb blankgefegte Chaussee, dahinter ins Grenzenlose hinaus die kalte Ebene: Sah man das nicht schon einmal?

Auf der Chaussee ein endloser grauer Strom von Treckwagen, von Frauen, Greisen und Kindern auf der Flucht. Eisglätte: Die Pferde schlagen hin; nur mit Mühe sind sie wieder auf die Beine zu

der Kirche, von der Gemeinde bis auf den letzten Platz gefüllt, nach guter alter Art Frauen und Männer durch den Mittelgang getrennt, während darüber und für sich im Patronatsgestühl die Gutsherren sitzen. Doch alle singen miteinander, so innig wie kräftig, was sie fühlen:

»O du fröhliche,
o du selige,
gnadenbringende Weihnachtszeit!
Welt war verloren,
Christ ist geboren:
freue, freue dich,
o Christenheit!«

bringen. Und von den längst wunden Hufen der Ochsen rinnt Blut in den Schnee.

Die Bibel sagt: »Bittet aber, daß eure Flucht nicht geschehe im Winter.« Doch sie geschah im Winter, voll von den Bildern des Schreckens.

Zum Abschied bläst vom Turm der Chor der Posaunen. Er bläst mit einer solchen Kraft, als ginge es geradewegs gegen Jericho — oder zum Jüngsten Gericht.

Die Bilder des Schreckens

Die beherrschte Natur mag uns freundlich erscheinen; wehe aber, wenn die Herrschaft zerbricht. Jedenfalls ist es seltsam, die Bilder vom Winter in Pommern noch einmal zu betrachten. Seltsam und unheimlich. Die im eisigen Ostwind vom Schnee halb überwehte, halb blankgefegte Chaussee, dahinter wie ins Grenzenlose hinaus eine weiße Fläche, kahl nur und kalt: Hat man dies nicht schon einmal gesehen? Bricht nicht aus der Mitte schöner Erinnerungen plötzlich der Schrecken hervor?

Erinnerungen: Der Vorhang der Nacht hat sich über Stolp gesenkt. Vor ihren Kasernen sind unter einem eisig funkelnden Januarhimmel die Schwadronen aufmarschiert: schnaubende, hufscharrende Pferde und junge, viel zu junge Soldaten, die letzten, die Siebzehnjährigen. Eine Trompete ruft zum Abschied und Aufbruch. Noch einmal führt der Weg durch die Stadt, durchs Neue Tor hinaus auf die Schlawer Chaussee, wie es früher oft geschah, in Postkartenbildern zum Andenken bewahrt. Auf dem Marktplatz, auf ihrem Sockel eine dunkle Gestalt: Blücher, der Marschall Vorwärts, der Held von der Katzbach und mit Wellington Sieger bei Waterloo — lange ist's her. Bellinghusaren zuerst, dann nach Blücher benannt: Als der Siebenjährige Krieg vorüber war, 1763, begann hier ihre Zeit, die in dieser Nacht zu Ende geht. Aber die Bürger von Stolp bemerken wohl kaum, daß ihre Reiter sie verlassen; vor der Kälte und mit ihrer Angst haben sie sich in den Häusern eingeschlossen.

Reiten durch Pommern, nach Westen bereits, an Schlawe und Köslin vorbei bis Bel-

gard und immer in der Nacht. Denn am Tage sind alle Straßen voll von den Trecks, vom endlosen grauen Strom der Frauen, Greise und Kinder auf der Flucht. Eis- und Schneeglätte: Unsere Pferde tragen Stollen unter den Hufeisen. Dennoch schlagen sie oft genug hin und müssen mühsam wieder auf die Beine gebracht werden. Wie dann erst die Pferde vor den vom Hausrat überladenen Wagen, die nur blankes Eisen haben! Oder Ochsen manchmal: Von ihren längst wunden Hufen rinnt Blut in den Schnee.

Die Sonne versinkt; aus der Ferne ist wie von einem Wintergewitter dumpfes Grollen zu hören. Oder sehr nah schon das Rasseln der Panzerketten?

Wer sich zurückwendet, nach Osten, in die Nacht hinein, sieht weithin den Feuerschein leuchten: brennende Gehöfte, die Dörfer, ganze Städte als Fackeln — Pommern in seinem Untergang.

In Belgard werden die Schwadronen in Eisenbahnwaggons verladen. Fast zwei Tage dauert die Fahrt bis Stargard, für die der Schnellzug sonst anderthalb Stunden brauchte. Auf dem Nebengleis läuft ein Flüchtlingszug mit offenen Güterwagen ein, wer weiß woher und wie lange schon unterwegs. Die Menschen dürftig in Decken gehüllt und wie erstarrt von der Angst und der Kälte. Nein, schlimmer: Kleine stumme Bündel werden heruntergereicht, auf dem Bahnsteig abgelegt: erfrorene Kinder.

Weiterfahrt und Ausladen in Pyritz. Auf einmal ist der Feind da, Rudel von Panzern mit aufgesessenen Scharfschützen weit vor ihrer Infanterie. Blitzkrieg, wenn es denn je einen gab, zweieinhalb Wochen bloß für den Wintervormarsch über vierhundert Kilometer von der Weichsel bei Warschau bis fast an die Oder. Der aufgestaute Haß, die Rache der Sieger brandet über ein Land, dem eben noch, nur Tage zuvor, der Krieg fast unwirklich fern schien. Keine Front zunächst; die Panzer und die Reiter umkreisen einander, bis der Kampf sich in Pyritz festfrißt. Menschen, die querfeldein zu entkommen versuchen, Erschlagene überall, die Trümmer von niedergewalzten Wagen, verzweifelt brüllendes Vieh. In den Nächten leuchten weithin die Brände: Gehöfte, ganze Dörfer als Fackeln; Pommern in seinem Untergang, wie im Singsang der Kinder:

»Maikäfer, flieg!
Dein Vater ist im Krieg.
Deine Mutter ist in Pommernland,
Pommernland ist abgebrannt.«

Nur ganz ohne die Maikäfer dieses Mal. Die Siebzehnjährigen kämpfen, wie sie können und wie ältere Soldaten schon kaum mehr es tun. Sie kämpfen und sterben. Aber die Pferde sind wertvoll; wenigstens sie sollen gerettet werden. Darum noch einmal ein Ritt durch die Nacht, der letzte östlich der Oder. Jeder, der überlebte, führt ein oder zwei Pferde mit leerem

94

Rumbske, Kreis Stolp in Pommern: das Gutshaus — oder »das Schloß«, wie die Leute im Dorf sagten —, in dem der Verfasser geboren wurde und aufwuchs. 1847 bis 1848 ließ der Urgroßvater es erbauen, gerade noch rechtzeitig, bevor der Sinn für Proportionen sich verlor. Am Anfang des Ersten Weltkriegs erfolgte eine Umgestaltung, an die sich nach einem Feuer im Jahre 1933 ein weitgehender Neubau unter Wahrung der Grundmauern anschloß. Nicht sofort, aber ein paar Tage nach ihrem Einmarsch im März 1945 haben die Russen Benzinfässer ins Haus gerollt und es niedergebrannt. Es gibt nur Gerüchte darüber, warum sie es taten. »Um Plünderungen zu verhindern«, heißt die absurdeste. Wahrscheinlich handelte es sich einfach um die Siegestrunkenheit, die von der nahen und wohlgefüllten Brennerei herüberschlug. Nach vierzig Jahren ist nichts mehr geblieben, als über halb verschüttetem Kellergewölbe eine Treppe ins Nichts.

Sattel neben sich. Bei den Brücken vor Stettin kreisen Flugzeuge und suchen ihr Ziel. Im fahlen Schein einer Leuchtbombe erkennt man den Tod: Leiber von Tieren und Menschen, hingeschmettert und zerrissen. Und Trümmer ringsum, Trümmer von Wa-

Vor dem Ersten Weltkrieg

Bis 1933

1985   **Von 1934 bis 1945**

gen, hastig zur Seite geräumt. Wie hieß es doch vor Jahren, damals, als der Krieg begann, im Triumph hinausgeschrien:

»Mit Mann und Roß und Wagen
hat sie der Herr geschlagen.«

In der Bibel, im 24. Kapitel des Matthäus-Evangeliums hätte man etwas anderes lesen können: »Bittet aber, daß eure Flucht nicht geschehe im Winter.« Jetzt herrscht der Winter, voll von den Bildern des Schreckens.

»Rosengarten« am Gutshaus

Unmittelbar an das Gutshaus schloß sich der »Rosengarten« an. Von ihm blieben die windschiefen Säulen, die einst die Pergola trugen — und die Schale des Springbrunnens, vom Laub und vom Schnee gefüllt.

Inzwischen hat die Natur ihr Werk getan: Gesträuch rankt überall empor; sogar Bäume sind schon herangewachsen und verschatten gegen die Sommersonne den Ort.

Lichtete man, gleich neben der Treppe ins Nichts, bloß um ein weniges das Gestrüpp und stellte Lampen auf, so ließe sich eine nächtliche Panto-mime, ein Schatten-Schauspiel hier auf-führen, vielleicht

unter dem Titel: Sic transit gloria mundi — So vergeht der Ruhm der Welt.

Das Erbbegräbnis der Krockows   Auf dem Friedhof

*Zu den bitteren Er-
lebnissen jeder Heim-
kehr gehört der Gang
an die Gräber. Eine
wuchernde Wildnis,
Dornengerank, umge-
stürzte Kreuze und
Grabsteine. Kaum ein
Name läßt sich noch
entziffern.*

*Nicht anders sieht es
am alten Erbbegräb-
nis der Familie aus.
Zwar gibt es die Ge-
wölbe noch. Aber die
Türen sind zerbro-
chen, die Namens-
tafeln abgeschlagen. In
den Gewölben, zwi-
schen Schutt und mo-
derndem Laub, er-
kennt man Reste von
Särgen.*

*Ein ragendes Kreuz
aus Granit: Auch ihm
wurden die Namens-
tafeln abgeschlagen.
Hier liegen meine
Großeltern und mein
Vater begraben.*

*Doch was besagen am
Ende, was vor der
Ewigkeit schon Na-
men? Etwas bleibt
und läßt sich noch le-
sen, der Spruch am
Kreuz:
»Fürchte Dich nicht —
Glaube nur«*

»Luther hat den Krieg verloren«, hieß es schon 1918. Wie wahr dann 1945! Hinterpommern, ein evangelisches Land, ist katholisch geworden, von der Schwarzen Madonna von Tschenstochau regiert. In der heimischen Kirche von Glowitz/Główczyce indessen findet man noch Reste vom alten Patronatsgestühl mit dem Namen Puttkamer und dem Wappen der Krockows. Und es gibt noch eine evangelisch-deutsche Restgemeinde, sehr klein geworden zwar, ganze dreiundzwanzig Seelen, durchweg Frauen, die Polen geheiratet haben. Das Ende ist abzusehen. Aber im einstigen Konfirmandensaal hat diese kleine Gemeinde ihre Heimstatt gefunden. Es wird ihr gepredigt, sie singt und sie betet in deutscher Sprache, vom Harmonium begleitet, dem Spenden aus dem Westen aufhalfen.

Evangelisch-deutscher
Gottesdienst 1985

In der Kirche von Glowitz, Kreis Stolp/Główczyce

Mächtige Reiche, ganze Welten stürzen ein, die Menschen gehen fort und neue kommen, aber die Natur, die Landschaft bleibt, alte Bäume zumal: Im Gutspark von Rumbske gibt es eine Eiche, die vor Jahrzehnten, schon vor dem Ersten Weltkrieg, ausgemauert worden war, um sie zu stützen. Außerdem hatte man einen Aussichtsplatz, einen Balkon zum Teetrinken auf ihr angelegt. Dieses Menschenwerk ist längst dahin. Aber der Baum steht noch immer, schlanker geworden allerdings, weil er einen Teilstamm abwarf. Unverdrossen treibt er neben dürrem Geäst sein frisches Grün.

Alte Eiche vor dem Ersten Weltkrieg

Ein anderes Beispiel: Am Rande des Lebasees, von einem weitläufigen Moor umgeben, liegt das Fischerdorf Klucken/Kluki. Die Kluckener waren bitterarme Leute und darum verschworene Wilderer.

Zwei Förster sind zwischen den beiden Weltkriegen bei Zusammenstößen mit den Kluckenern im Lebamoor erschossen worden. Fragt man heute polnische Jäger nach Wilddieben, so bekommt man zu hören: »Nein, nicht hier, aber drüben im Moor gibt es die — die Kerle von Kluki!«

Der alte Ärger! Aber welch ein Trost, welche Verheißung zum Überdauern liegt doch darin, daß die Bedingungen der Natur solche Kraft haben, die Menschen wieder zu dem zu formen, was schon ihre Vorgänger waren.

Die alte Eiche 1985 ▷

*Überall der bröckeln-
de Putz, immer dieser
Mangel an Farbe, eine
verrottende Tür; es ist
sehr einfach, nur dies
zu sehen.*

*Es ist nicht einmal
schwer, die alten
Vorurteile neu
bestätigt zu finden:
»Polnische Wirt-
schaft!«*

Rumbske, Kreis Stolp/Rumsko

Erst beim genaueren
Hinsehen bröckeln
vielleicht sogar die
Vorurteile. Stichworte
einer Gegenbilanz:
Die Dörfer werden
Zug um Zug mit
Wasserleitungen ver-
sehen. Es gibt
Straßenlampen, Kin-
dergärten, Zentral-
schulen und Schul-
busse, eine weit übers
Gewohnte verbesserte
Krankenversorgung.
Auf dem Staatsgut
von Rumsko fehlen
zwar Pferde- und Foh-
lenstall — weil sie
nicht mehr gebraucht
werden. Aber auf dem
Hof stehen moderne
Maschinen neben
einer leistungsfähigen
Werkstatt. Die Milch-
leistung der Kuhherde
und die Ernteerträge
der Felder haben das
Vorkriegsniveau deut-
lich überschritten.

Die Heimat
im Osten

Klein-Paris in Hinterpommern

»Wer saß nicht bang vor seines Herzens
Vorhang?
Der schlug sich auf: die Szenerie war Ab-
schied.«

Zwei Zeilen aus Rilkes »Duineser Ele-
gien«. Sie drängen sich ins Gedächtnis, während das Auto von Schlawe/Sławno an
Zitzewitz/Sycewice vorüber auf Stolp/
Słupsk zurollt. Denn, wahrhaftig: Wer im
Osten, in Hinterpommern geboren wurde
und aufwuchs, dem wird wohl bang, wenn
er sich den Orten nähert, die unsere Sprache als Heimat beschreibt. Wieder zu Hause sein und doch nicht, nach vierzig Jahren:
Was mag daraus werden? Wie soll man sich
im zwiespältigen Ansturm der eigenen Gefühle zurechtfinden — und wie den Menschen begegnen, die heute hier leben? Aber
zum Zurückweichen ist es zu spät; Stolp ist
die Stadt meiner Heimat.
Die Märchen erzählen: Es war einmal.
Stolp war einmal die heimliche Hauptstadt
Hinterpommerns. Bei der letzten Volkszäh-
lung vor dem Krieg, am 17. Mai 1939, gab es
50 377 Einwohner. Die Zahl allein läßt
zwar kaum an eine Großstadt denken.
Aber Stettin lag weitab — 236 Eisenbahn-
kilometer, um genau zu sein —; wer überhaupt in die Ferne fuhr, reiste lieber gleich
bis Berlin. Und der Weg nach Danzig war
nach dem Ersten Weltkrieg durch die Grenzen des polnischen »Korridors« beschwer-
lich geworden. Darum entwickelte Stolp

sich zu einem Zentrum besonderer Art,
mit gediegenen Geschäften, mit einer Gesellschaft und Geselligkeit eigener Prägung. Kaufmannschaft, Fabrikanten, Ärzte
und Beamte spielten als Honoratioren ebenso ihre Rolle wie der Landadel und die Of-
fiziere des Reiterregiments. Nicht nur im
Café Reinhardt mit der Reinhardt-Diele
spürte man urbane Eleganz; nicht selten
und nur mit halber Ironie sprach man von
einem »Klein-Paris«.
Die Annäherung nach vierzig Jahren
beginnt im ratlosen Fremdsein, in einer
weitläufigen Vorstadt, die es früher nicht
gab. Wohnblocks, riesig und vielstöckig,
schieben sich neben- und hintereinander.
Wohnen vom Fließband, fabrikmäßig,
Wohnvollzugsanstalten. Gewiß, die Not ist
groß, die Bevölkerung wächst und wächst;
Słupsk, die Hauptstadt einer Woiwodschaft mit dem gleichen Namen, hat die
Einwohnerzahl von 1939 bald ums Doppelte hinter sich; demnächst wird sie sogar sta-
tistisch den Rang einer Großstadt erreichen. Und um gerecht zu sein: Ähnliches
gibt es überall, nicht nur in Polen oder zwischen Magdeburg und Wladiwostok in jedem Land des real existierenden Sozialismus, sondern unter den scheinbar entgegengesetzten Vorzeichen auch von Hamburg und Frankfurt am Main bis Hong-
kong. Neben den Wohnmaschinen sieht
man übrigens Zeilen von Eigentumswoh-
nungen für die Bessergestellten oder Bezie-
hungsreichen, zweistöckig, und es gibt die
Merkposten sogenannter Infrastruktur:
Einkaufszentren, Bushaltestellen, Kinder-
horte, ein Motel. Aber nirgends findet man
Anheimelndes ohne Zugluft; keine Allee
lädt zum Spazierengehen, kein Park zum
Verweilen ein, der Natur blieb keine Zeit
zum Nachwachsen, nichts Spielerisches,

Slupsk, die Hauptstadt einer Woiwodschaft, ist über die Einwohnerschaft von Stolp fast ums Doppelte hinausgewachsen.

Wer von Westen die Stadt erreicht, fährt daher ohne Chance zum Wiedererkennen an einer neuen Vorstadt vorüber. Wohnblocks, riesig und vielstöckig, Wohnungen vom Fließband, fabrikmäßig, Wohnvollzugsanstalten.

Gewiß, der Bedarf ist groß, und ähnliches gibt es überall, nicht nur in den Ländern des real existierenden Sozialismus. Aber der Anblick stimmt traurig: Kann man hier eigentlich Heimat finden?

Alles scheint nur vom vordergründigen Nutzzweck bestimmt zu sein, nichts Spielerisches und Verträumtes läßt zum Verweilen ein, kein Luxus des Unnützen wärmt unser Herz.

Wiedererkennen fast wie ein Schock: Der Bismarck-Platz. Natürlich heißt er nicht mehr so; ein polnischer Dichter stieß den eisernen Kanzler von seinem Sockel. Sonst jedoch gibt es kaum Verän-

derungen. Nur die Bäume sind noch höher gewachsen, nächtliche Rastplätze für Staren- und Dohlengeschwader.

Im Hause, in dem einst die gefürchtete Großmutter, die »eiserne Gräfin«, zu den Pflichtbesuchen empfing, denen man aufatmend wieder entrann, wohnt heute — sehr angemessen — die Partei.

Kinopalast statt Blücher-Denkmal

Zwei Häuser überlebten im Zentrum

Am Marktplatz

Verträumtes, Unnützes hatte bisher eine Chance.

Fast wie ein zweiter Schock überfällt dann das Wiedererkennen: der Bismarck-Platz, praktisch unverändert. Nur seine Bäume sind noch mächtiger geworden,

nächtliche Ruheplätze für die Schwärme von Dohlen und die Starengeschwader, die Abend für Abend ihren lautstarken Streit um die besten Nachtquartiere austragen. Der Name des Platzes hat natürlich gewechselt, wie der Mann auf dem Denkmal: Henryk Sienkiewicz, der polnische Patriot und Dichter, verstieß den eisernen Kanzler von seinem Sockel. An der Längsseite des Platzes steht wohlerhalten noch immer das Haus, in dem einst die »eiserne Gräfin«, die gestrenge, gefürchtete Großmutter zu unabwendbaren Pflichtbesuchen empfing, denen man aufatmend wieder entrann; heute wohnt dort angemessen die Partei. Gleich um die Ecke das Hotel »Piast«. Früher hieß es »Zum Franziskaner«, und halboffiziell heißt es immer noch so, wie das Lokal nebenan; der zufrieden lächelnde Mönch über der Tür wurde neu bemalt. Sonst allerdings scheint das Haus einer Renovierung bedürftig — man möchte meinen: Es wartet darauf seit den Tagen, als der Feldmarschall von Mackensen als Ehrenkommandeur des Kavallerieregiments Nr. 5 hier abzusteigen geruhte.

Renovierung: An den Bismarck- oder Sienkiewicz-Platz schließt sich die Bahnhofstraße an, eine Allee mit zwei Fahrbahnen, dazwischen die doppelte Baumreihe und der Weg zum behaglichen Schlendern. Häuser der bürgerlichen Repräsentation, des Aufstiegs und Wohlstands aus der Gründerzeit und der wilhelminischen Zeit säumen die Straße, mit schönen, manchmal verspielten Fassaden. Sie bröckeln bedenklich, aber eine energische Renovierung Haus um Haus hat inzwischen begonnen. Hier soll aus der alten Substanz der neue Pracht-Boulevard von Klein-Paris entstehen, zugleich mit Boutiquen und Restaurants.

Haus der Großmutter — Wohnsitz der Partei

Einst Bismarck-, jetzt Sienkiewicz-Platz

Sieht man vom Marktplatz ab, dann ist den Planern der Wiederaufbau der Altstadt durchaus gelungen. Keine Hochhäuser sprengen ihre Proportionen; *überall gruppieren sich die Häuserblocks um durchgrünte Innenhöfe.*

Vom Hotel aus sind es nur ein paar Schritte zum Café Reinhardt. Es steht nicht bloß, sondern es erstrahlt im neuen Glanz; gerade fielen die Renovierungsgerüste. Und die alte Bestimmung ist geblieben; hier kann man sich treffen und tafeln, angeweht von einem Hauch der Eleganz. Preiswerter und besser, ja vorzüglich, ißt man allerdings im »Kluki«, an der Peripherie von Stolp zwischen der Straße nach Leba und dem Stadtwald gelegen, der einmal der »Waldkater« hieß. Fast beschämt rechnet der Besucher aus dem Westen nach: Für das Essen mit Suppe, Hauptgericht und Nachtisch — herrlich frische Blaubeeren mit Schlagsahne — mit der Flasche Wein und dem Trinkgeld dazu, hat er keine fünf D-Mark ausgegeben — zum Straßenkurs des Geldum-

tauschs, der ihm überall angeboten oder geradezu aufgedrängt wird. Die Polen dagegen können sich ein solches Mahl nur ausnahmsweise leisten; eine Handvoll Lokale genügt für Słupsk.

Wieder ein paar Schritte über das Café Reinhardt hinaus kommt man zum Stephansplatz, an dem das Rathaus liegt. Das ist geblieben, wie es war: neugotische Pracht der Jahrhundertwende; als es eingeweiht wurde, hat man das alte, freilich sehr schlichte umgehend niedergerissen. Die vertrauten Wappen prangen an der Fassade, im Ratssaal leuchten die Glasmalereien der Zünfte, die Turmuhr kündet unverdrossen, was die Stunde geschlagen hat.

Auch das Kaufhaus Zeeck, dem Rathaus gegenüber, zeigt sich unverändert und in

Hier läßt es sich leben, und sogar die Kinder finden Platz zum gefahrlosen Spielen.

Baudenkmäler, die Erinnerungen wecken, wie die Marienkirche und das sorgsam restaurierte Schloß, rücken besser ins Blickfeld als jemals zuvor.

Neutor-Blick aufs Rathaus

der alten Funktion. Sogar das Entzücken aus Kindertagen gibt es noch: den Fahrstuhl mit seinen zierlichen Jugendstilgittern. Während die Mutter einkaufte, schwebte man auf und nieder, zum Sprechgesang des Fahrstuhlführers: »Bettwäsche, Herren- und Damenbekleidung, Trikotagen...« Ein Rundgang heute stimmt allerdings trübsinnig; er führt das Ergebnis bürokratischer Zwangswirtschaft vor Augen:

Marienkirche

In der Bahnhofstraße

den Mangel an Auswahl, den Mangel an Qualität, den Mangel überhaupt.

Immerhin, dann und wann gibt es Lichtblicke. Wanda, die Dolmetscherin aus Warschau, die uns seit Stettin begleitet, hat zwei Träume: Krakau und ein Fahrrad. Das Fahrrad scheint unerreichbar, aber Krakau ist real, und Wanda fragt gleich am Beginn unserer Reise: »Warum fahren wir nicht dorthin? Eine herrliche Stadt.« Gewiß, nur für diesmal nicht unser Ziel. Um abzulenken, vertröste ich: »Warten Sie nur bis Stolp. Gleich hinter dem Hotel gibt es ein Fachgeschäft, da kaufen wir das Fahrrad.« Nach unserer Ankunft betreten wir das Geschäft; soeben ist eine Lieferung fabrik-

Das Einkaufen erfordert Geduld und Glück. Im früheren »Kaufhaus Zeeck« gibt es zwar noch immer das Entzücken aus Kindertagen: den Fahrstuhl mit seinen zierlichen Jugendstilgittern. Aber sonst

macht der Rundgang melancholisch.

Der Mangel an Auswahl und an Qualität, der Mangel überhaupt bestimmt das Bild. Im Fahrradgeschäft ein Fahrrad zu erwischen, das gleicht beinahe schon dem Großen Los in der Lotterie.

Zwischen Bahnhofstraße und Rathaus

frisch eingetroffen — gewiß die erste seit langem und nach Stunden schon wieder ausverkauft. Wir erstehen den Traum. Wanda kann sich kaum fassen, sie tanzt eine Mazurka aufs Pflaster: »Ich hab' ein Fahrrad, ein Fahrrad, ein Fahrrad!« Wie lange wohl ist es her, seit wir über eine bescheidene, noch nicht einmal motorisierte Errungenschaft der Technik uns derart gefreut haben?

Die Geschichte endet im Gelächter, denn nun bricht mein Heimatstolz sich Bahn: »Sehen Sie, hier bei uns in Klein-Paris ist es, wie es sein soll!« Und vielleicht ist sogar etwas daran. Słupsk wirkt lebendig, es dämmert weder trübe vor sich hin, wie so manche Landstadt, die wir gesehen haben, noch wirkt der Wiederaufbau unorganisch wie in Kolberg. Man spürt, daß es trotz aller Schwierigkeiten vorwärtsgeht.

Durchs alte Stadttor, das das Neue Tor heißt, zwischen dem Café Reinhardt und dem Kaufhaus Zeeck, betreten wir den Stadtkern, den im März 1945 die Eroberer in Schutt und Asche legten. Kaum etwas ließ sich noch retten, von der wuchtigen Marienkirche abgesehen. Die Neugestaltung verblüfft: überall Grünanlagen und Bäume, um die sich gleich neben den Ge-

Auf dem Wochenmarkt

schäften ruhige Wohnquartiere gruppieren. Kein Hochhaus sprengt die Proportionen. Hier läßt sich leben, sogar für die Kinder. Nur der Marktplatz ist den Planern mißlungen. Mit Beton-Brutalität drängt ein Kinopalast sich vor, fast bis zu dem Punkt, an

III

Immerhin: Ein Hauch von »Klein-Paris« kehrt allmählich zurück. Gerade wurde der Treffpunkt der Eleganz — das Café Reinhardt — wiederhergestellt und neu eröffnet.

Jetzt wird Zug um Zug die Bahnhofstraße restauriert und zum neuen Pracht-Boulevard ausgebaut. Sei es Stolp oder Słupsk: Die Stadt bleibt lebendig und liebenswert.

dem einmal das Blücher-Denkmal stand, und ein lang hingestreckter Wohnblock zerstört die Eingrenzung ganz und gar. Mit Wehmut erinnert man sich an das erste Haus am Platze, an »Mund's Hotel«, in dem die Herren vom Lande sich trafen, die Puttkamer und Zitzewitz, die Bandemer, Below, Boehn, Bonin. Der wahre Herrscher war freilich Herr Behnke, der Oberkellner, der so streng wie fürsorglich regierte.

Unter großen Opfern wurden überall im Lande die gotischen Gottesburgen aus Backstein restauriert. In ihrer Nüchternheit wirken sie manchmal »protestantischer« denn je.

Auffallend sind allerdings die mit Blumen und Girlanden geschmückten Kreuze neben den Kirchen und in den Dörfern.

Sie zeigen, daß sich in Hinterpommern seit 1945 ein Konfessionswechsel vollzog.

An der Marienkirche

Gleich hinter der Brücke über die Stolpe ist im ehemaligen Kreishaus die Bezirksregierung untergebracht, die Verwaltung der Woiwodschaft. Hier empfangen uns der Vize-Woiwode und der Stadtpräsident — der Oberbürgermeister — zu einem Gespräch, letzterer so straff und so schmallippig, daß man in ihm unwillkürlich den vom Generalsregime eingesetzten Offizier vermutet; in den Jahren der politischen Krise wurde schließlich auch Stolp als ein Ort der Unruhen genannt. Aber natürlich nicht davon ist die Rede, sondern von den Alltagsproblemen des Bezirks und der Stadt, von Wohnungsnot, Neubau- und Renovierungsprogrammen, von Schulen, Altersheimen, Modernisierung der Wirtschaft, von der Wasserversorgung in den Dörfern und von der großen Klinik mit 650 Betten, die gebaut werden soll, weil das alte Krankenhaus den Anforderungen längst nicht mehr genügt.

Eine überraschend große Rolle spielt in unserem Gespräch der Umweltschutz. Mit ihrer langen Küste, den weiten Wäldern und achthundert Seen bildet die Woiwodschaft schon heute ein wichtiges Urlaubsgebiet; für die Zukunft läßt sich der Wert des Naturkapitals kaum hoch genug veranschlagen. Nur muß man investieren, damit es Zinsen trägt und nicht verschleudert wird. So möchte man nur umweltfreundliche Industrien ansiedeln und die vorhandenen zähmen. Vorläufig allerdings qualmen noch alle Schornsteine schwarz; die Steinkohle stellt einen der wenigen Reichtümer

Das Mühlentor, dahinter das Schloß

Polens dar. Auch von der Landwirtschaft ist kritisch die Rede, von Gefahren für das Grundwasser durch übermäßige Düngung und durch Pestizide. Bis 1990 sollen die Flüsse gereinigt sein und wieder sauberes Wasser führen. Die Lupow/Łupawa wurde schon mit vierzehn Kläranlagen ausgestattet; jetzt ist die Stolpe/Słupia an der Reihe. Soeben wurde die große, zentrale Anlage eingeweiht, die alle Abwässer der Stadt aufbereiten soll, und wir können nicht umhin, diese Anlage zu besichtigen. Die Leba/Łeba wird folgen, schließlich die Wipper/Wieprza. Einen besonderen Rang haben die Naturschutzgebiete, vor allem das weitläufige, international ausgewiesene an der Küste, das den Garder See, den Lebasee und einen Teil der angrenzenden Moore umfaßt. In der Stadt beginnt jetzt die Einführung von Elektrobussen, die zu einem umweltfreundlichen Nahverkehr beitragen sollen.

Es ist nicht schwer, Schwachstellen zu erkennen, von den schäbigen Hotels und den vielen, höchst dringend erneuerungsbedürftigen Häusern überhaupt bis zum Verkehrssystem; auf den Landstraßen bestimmen überfüllte Uraltbusse das Bild, deren Abgaswerte in der Bundesrepublik gewiß die sofortige Stillegung zur Folge hätten.

Wenn man aber das Maß der drängenden Probleme bedenkt, dazu die Krisenjahre, die Polen gerade durchlitten hat, dann läßt sich auch erkennen, daß hier mit Energie gearbeitet und mit Umsicht für die Zukunft geplant wird.

Zu Stolp gehörten immer die gepflegten Grünanlagen, ein Rosengarten und die »fußläufig« erreichbaren Ausflugsziele »Waldkater« und »Waldkatze«. Słupsk muß da keineswegs zurückstehen. Das Stolpe-Ufer mit dem »Hexenturm« zum Beispiel, vorbildlich hergerichtet und gepflegt, lädt zu beschaulichen Spaziergängen ein. Nach dem Spaziergang kann man am Rande des »Waldkater« im »Kluki« vorzüglich und preiswert essen.

Am Mühlentor, nahe am Stolpe-Ufer

Den Spaziergängen in die Erinnerung bleibt genug: der Hexenturm und die gepflegten Anlagen am Ufer der Stolpe, das Mühlentor, die Schloßkirche und das sorgfältig erneuerte, als Museum genutzte Schloß, der Rosengarten, die Lessing-Schule, die große Sportarena im »Waldkater«, die einmal Hindenburg-Kampfbahn hieß und jetzt dem Sportklub »Gryf« gehört. Oder das betagte Postamt, das seinen Dienst versieht wie zu den Zeiten Heinrich von Stephans, 1831 in Stolp geboren, des Generalpostmeisters, Erfinders der Postkarte und Begründers des Weltpostvereins. Er hat dieses Amt noch persönlich eingeweiht. Jenseits der Stolpe bergan findet man wie einst die Kasernen, noch immer mit den Soldaten davor, nur in den anderen, den inzwischen erdbraunen statt feld-

Kontraste überall: Verfallsidylle, Vorstadt-Massenquartier, Wiederherstellung des Alten.

grauen Uniformen — und noch immer blutjung.

Ach, Stolp, Klein-Paris und Hauptstadt der Heimat: Magst du im Traum oder im Alptraum uns begegnen, du bleibst auch als Słupsk vertraut und liebenswert.

An der Ringstraße

Westliche Vorstadt

Sanierung im Zentrum

Im Gegensatz zu manchen Landstädten, die trübe dahindämmern, wirkt Stolp/Słupsk sehr vital. Die Stadtverwaltung hat sich viel vorgenommen, und trotz der Krisenjahre, die Polen gerade durchlitt, wird mehr investiert denn je zuvor.

Stolz zeigt man dem Besucher die neuesten Errungenschaften, von der zentralen Kläranlage bis zu den Elektrobussen. Auch wenn vorläufig noch alle Schornsteine schwarz qualmen, spielt in Gesprächen mit den Verantwortlichen der Umweltschutz eine überraschend große Rolle.

Was den Besucher immer neu fasziniert sind die Menschen.

Kinder vorab: Es gibt sie in Scharen. Die Bevölkerung wächst und wächst; offenbar antworten die Polen auf alle Krisen ihrer Gegenwart mit einem unbeirrbaren Glauben an die Zukunft.

Und dann und überhaupt diese Gesichter eines alten Bauernvolkes: faltenreich gegerbt bei den Alten, verschmitzt und lachlustig durchweg. Man begreift: Diese Menschen lassen nur schwer sich lenken; unsere lutherisch-preußischen Tugenden sind nicht die ihren. Geduldig und entbehrungsgewohnt, wie sie sind, mögen sie sich vielem fügen — bloß nicht dem von der jeweiligen Obrigkeit gerade Verordneten.

Die Einkommen blei-
ben gering, aber die
Preise steigen. Um die
Mängel sozialistischer
Planwirtschaft auszu-
gleichen, ist darum
die persönliche Fin-
digkeit, die indivi-
duelle Initiative um
so stärker gefordert,
von dem an, was die
Behörden dulden oder
sogar unterstützen,
über den Zweit- oder
Drittberuf bis in die
zwielichtigen Zonen
des Schwarzhandels
hinein — nicht zuletzt
mit dem begehrten
Westgeld, das man
beim Besucher weit
über dem offiziellen
Umrechnungskurs
eintauschen möchte.
Mit dem Mängelaus-
gleich hängt es wahr-
scheinlich zusammen,
daß der Bildautor die-
ses Buches überall auf
Kollegen traf.

Am Kaufmannswall

Staat und Gesellschaft, die Partei und die Kirche: Die Kluft, die Polen von Polen trennt, reicht gewiß sehr tief. Daher mag der patriotische Fahnenschmuck aus Anlaß der kommunistischen Staatsgründung eine bloße Pflichtübung sein. Doch niemand sollte sich täuschen: Auch und erst recht das Geschichtsbewußtsein und der Wille der Nation zu ihrer Selbstbehauptung reichen sehr tief. Wer daran rührt, wird alle Polen einig finden wie kaum ein anderes Volk.

Die Schloßkirche

Am Marktplatz

Stadt-Präsident und Vize-Woiwode

Auch aus Stolp/Słupsk wurden in der Zeit der »Solidarität« Unruhen gemeldet. Der Stadt-Präsident wirkt so straff und so schmallippig, daß man in ihm unwillkürlich den vom Generalsregime eingesetzten Offizier vermutet.

124

Jakobikirche in Stettin/Szczecin

Vom Wahn und vom Glauben

Die Ungeduld wächst, endlich ganz nach Hause zu kommen. Aber Verzögerungen stellen sich ein; jedes Dorf am Weg weckt Erinnerungen, möchte Geschichten erzählen.

Lübzow/Lubuczewo: Hier zweigt die Straße ab, an der nur zwei Kilometer weiter Karzin liegt, das Gut der Großeltern. In Lübzow lebte Eberhard von Braunschweig, weithin bekannt als ein unerbittlicher Feind der Nationalsozialisten. Mehrfach wurde er verhaftet, zeitweilig aus der Provinz verbannt. Im März 1945 blieb er in seinem Haus: Was sollte er denn fürchten? Aber die Eroberer, siegestrunken, wußten nichts, fragten und unterschieden nicht. Sie sahen nur den Gutsherrn, zum Erklären blieb keine Zeit; Eberhard von Braunschweig wurde mit seinen Angehörigen niedergeschossen.

Etwas später, in der Nacht, erschien ein Soldat vor dem Bett der Großmutter in Karzin, wies auf seine Maschinenpistole, deutete an, was geschehen war und daß sie nun ihr Bett zu räumen habe, weil er darin seinen Rausch ausschlafen wolle. Die Großmutter, so mütterlich wie mutig und mit Geistesgegenwart gesegnet, antwortete: Sie sei eine alte Frau und dies sei ihr Bett; sie brauche jetzt ihren Schlaf. Aber ein Bettvorleger sei ja da, ein Kissen und eine Decke könne sie ihm geben. Und ein Gebet, ein Vaterunser für ihn sprechen.

So verbrachten der Soldat und die Großmutter den Rest der Nacht friedlich nebeneinander.

Das Haus der Großeltern war einmal ein klassisches Landhaus, so schlicht wie schön, einstöckig und neun Fenster breit, in der Mitte mit dem aufgesetzten dreifenstrigen Giebel. Doch zur Unzeit hatte man einen Neubau zweifelhaften Geschmacks angefügt, im späten 19. Jahrhundert, als das Geld der Gründerzeit sogar auf Hinterpommern seine Schatten warf. In Karzcino

1985 ist von dem alten Haus nichts mehr geblieben, außer seinem gespenstergleichen
Abdruck am Neubau, der inzwischen restauriert wird.

Gleich hinter der Brücke über die Lupow
sagt das Straßenschild: Zełkowo. Früher

hieß das Dorf Wendisch-Silkow. Und dann
auf einmal — noch vor dem Krieg, in den
dreißiger Jahren —: Schwerinshöhe, weil es
sich um einen Besitz der Grafen Schwerin
handelte. Übrigens sind die Besitzer von
den Umbenennern gar nicht erst gefragt

Ein frommes Volk, in seinem Glauben geborgen, der Gottesmutter geweiht: Überall flackern die Kerzen vor den Altären, unter dem Abbild der Schwarzen Madonna von Tschenstochau. Und immer sieht man die Beter, Junge wie Alte und Männer wie Frauen.

Kirche in Freist, Kreis Stolp/Wrzeście

worden — und erst recht dann von den Eroberern nicht: Auch hier in Wendisch-Silkow/Schwerinshöhe/Zełkowo regierte 1945 der Tod.

Die dreißiger Jahre: Natürlich habe ich damals als Junge von vielleicht elf Jahren nicht begriffen, worum es eigentlich ging. Nur daß etwas Seltsames und Fremdes, etwas Unheimliches am Werk war, ließen die Fragen spüren, die ohne Antwort blieben: War denn das Wendische, aus dem wir doch herstammten, auf einmal mit Schande ge-

schlagen? Oder waren es Namen, die — wie der eigene — mit -ow endeten? Ach, hätte man doch, hätten wenigstens die Erwachsenen diese Flammenschrift zu lesen verstanden, die Zeichen des Wahns, der die Lawine des Unheils lostrat: Wahn von der germanischen Herrenrasse und den slawischen Untermenschen, von deutscher Kultur und angeblicher polnischer Unkultur, vom Volk ohne Raum; am Wechsel der Namen ablesbar das Vertuschen und Umlügen dessen, was einmal war! Und im Auftrumpfen Panik.

Wenn man heute durch Pomorze fährt, findet man überall in den Dörfern andere Zeichen: hohe Holzkreuze, mit Girlanden geschmückt und mit einem Zaun umfriedet. Manchmal auch Zeichen aus Stein mit der Gottesmutter in der Nische: ein katholisches Land, ein frommes Volk, in seinem Glauben geborgen. Der Schein der Kerzen leuchtet in den Marienkirchen vor der Schwarzen Madonna, und immer sieht man die Betenden, Junge wie Alte und Männer wie Frauen. Die politischen Umstände, die Schläge der Geschichte haben den Glauben nicht etwa geschwächt, sondern entscheidend verstärkt, wie sonst in Europa vielleicht nur noch in Irland. In den Zeiten der Bedrängnis und der Teilungen, im Banne des protestantischen Preußen und des orthodoxen Rußland blieben die polnische Identität und alle Hoffnungen des Volkes in der Kirche bewahrt. Bezeichnenderweise ist die dritte Teilungsmacht, das katholische Österreich, weit weniger als fremd und als feindlich empfunden worden, und die Grenzlinie zwischen den Menschen verschwamm oft, bis sie kaum mehr kenntlich schien — und darum, wie in Oberschlesien, um so bitterer in den Streit geriet.

Im Norden dagegen war die Grenze klar markiert. Pommern ist früh und so entschieden mit der Reformation, mit Martin Luther gegangen, daß noch die Kirchenunion mit den Reformierten von 1817 weithin als bitterer Zwang empfunden wurde; viele Menschen, manchmal ganze Gemeinden samt ihren Pastoren sind damals um des Glaubens willen nach Amerika ausgewandert. Das »Preußen königlich polnischen Anteils« — später Westpreußen und noch später der Korridor genannt — ist dagegen katholisch geblieben.

Der Sachverhalt läßt sich beispielhaft erkennen am Schicksal der Kaschuben, eines Stammes mit slawischem Dialekt, der auf beiden Seiten der Grenze siedelte. Einem Stolper Jungchen klingt wohl noch immer der Spruch zum Hänseln im Ohr:

»Wo kommen denn all die Kaschuben her?
Es sind so viele wie Sand am Meer.
Von Stolp, von Stolp, von Stolp.«

Nicht selten wurde dabei statt »Stolp« auch »Słupsk« gesagt. Noch bis ins 19. Jahrhundert hinein ist in Teilen des Landkreises kaschubisch gesprochen und in den Kirchen kaschubisch gepredigt worden, zuletzt in den Moorgebieten um den Garder See und den Lebasee. Nur eben: Es war die evangelische Predigt, wie jenseits der Grenze die Messe, und dieser Unterschied der Bekenntnisse hat schließlich hüben wie drüben über die politische Zugehörigkeit entschieden. Nicht daß die Fronten des Glaubens immer harmlos gewesen wären und keine Vorurteile genährt hätten, beileibe nicht. Wenn von jemandem gesagt wurde, er sei im Aussehen oder Verhalten »so kathol'sch«, dann war das kaum freundlich gemeint. Es bedeutete: verschlagen, hinterlistig, fremd. Aber solche Formen der Distanzierung blieben doch durch Welten geschieden von dem, was später — hier wie dort — der Nationalismus mit seinen Konstruktionen des »Urdeutschen« oder des »Urpolnischen« daraus gemacht hat und was am Ende gar mit dem Rassenwahn in die blanke Unmenschlichkeit geriet.

Ein katholisches Land nun also. »Luther hat den Krieg verloren«, soll Papst Benedikt XV. im Jahre 1918 gesagt haben. Wie wahr dann 1945. Oder doch nicht so ganz? Es ist merkwürdig: Die überall sorgsam re-

»Wir wollen sein ein einig Volk...«, läßt sich am einstigen Kriegerdenkmal gerade noch entziffern. Wie ein Symbol wirkt daneben der katholische Priester: Durch alle Finsternisse der Bedrückung, der Verfolgungen und der Teilungen hindurch blieb — gegen das protestantische Preußen und das orthodoxe Rußland — Polens Identität aufbewahrt in der Katholizität.

Die Grenzlinie zwischen Pommern und Polen ist ursprünglich nicht von der Sprache oder der Kultur, schon gar nicht von der späten Wahnerfindung der Rasse, sondern vom Glauben markiert worden: Pommern entschied sich im Jahre 1534 für Luthers Reformation, das benachbarte »Preußen königlich polnischen Anteils« dagegen hielt zur alten Kirche.

Wendisch Silkow/Schwerinshöhe, Kreis Stolp/Zelkowo

staurierten Kirchen, aus denen man die Zu- und Untaten späterer Jahrhunderte entfernt hat, wirken von der Jakobikirche in Szczecin bis zur Marienkirche in Słupsk in der Nüchternheit ihrer Backsteingotik beinahe protestantischer als je zuvor. Auch das mag ein Vorurteil sein, schon historisch unhaltbar; das Katholische ist nicht gleichzusetzen mit barocker Formen- und Farbenpracht. Aber jedenfalls fällt es nicht schwer, in diesen Gotteshäusern sich heimisch zu fühlen.

Übrigens gibt es noch protestantische Predigten, in Słupsk ebenso wie nach dem Bedarf auf dem Lande. Es gibt sie sogar in deutscher Sprache. In Główczyce zum Beispiel — meinem früheren Kirchdorf Glowitz —, ist die Kirche natürlich polnisch-katholisch geworden, obwohl man in ihr noch die alten Patronatsstühle mit den Wappen der Puttkamers und der Krockows findet. Aber der Betsaal auf dem Pfarrhof ist für die deutschen Gottesdienste reserviert. Mit dreiundzwanzig Seelen, durchweg Frauen, die Polen geheiratet haben, mag die Gemeinde sehr klein geworden sein. Doch es wird ihr gepredigt, sie betet und sie singt, vom Harmonium begleitet, dem Spenden aus dem Westen aufhalfen. Auf dem Altar finde ich die alte Luther-Bibel, aufgeschlagen beim 67. Psalm. Ich lese: »Es danken dir, Gott, die Völker; es danken dir alle Völker.«

Die Kinder von Równo

Rumbske, Kreis Stolp in Pommern,
Rumsko jetzt, wie das Straßenschild sagt:
das Ziel einer Reise. Hier bin ich zu Hause,
hier kenne ich jeden Baum und Stein. Die
Allee, die von der Chaussee zum Dorf ab-
zweigt, hat ebenso wie die Brennerei, deren
Schornstein schon herübergrüßt, der
Großvater anlegen lassen. »Klondike« wurde er genannt, in der Zeit des Goldrausches
von Alaska um die Jahrhundertwende, ein
beziehungsreicher Name; mit allem, was er
anfaßte, wußte dieser Großvater seinen
Wohlstand zu mehren.

Links die Wiese, in der aus Quellen ein
Bach entspringt, der Platz für die Kinder
zum Gösselhüten. Als sei nichts geschehen, schnattern Gänse zu dem Heimkehrer herüber. Und dann grüßen die Häuser
mit ihren Bewohnern: Da wohnte No-
wak, der Schmied, dort Rodemerk, der
Rentmeister, der Diener Vietzke, die
Bauern Kuschel und Kubitz, der Hofmei-
ster Dargusch und der Stellmacher Valen-
tin, die Witwe Senkel mit ihren Kindern,
Emil Priedigkeit mit seinem lockenden
Schild »Kolonialwaren« — und so fort, die
ganze Dorfstraße entlang bis zum letzten
Doppelhaus der Gutsarbeiter: Max Kreft
und Karl Pallas. In der Dorfmitte der Ka-
stanienplatz; hier war einmal im Jahr die
Kindersensation zu Gast: ein Kettenkarus-
sell. Es besaß noch keinen Motor, es mußte geschoben werden, oben, auf dem Lauf-
steg seines Turms; fürs fünffache Schieben gab es eine Freifahrt. Aber nur wenige der Kastanien sind noch geblieben —
und von den Menschen nur die drei Frauen
auf »Dixen Berg«, die Polen geheiratet
haben.

Der Gutshof zeigt Veränderungen, wie
sie der Ablauf der Zeiten wohl unvermeid-
bar mit sich bringt. Den Stall für die Foh-
len und die Kutschpferde gibt es nicht
mehr. Dafür sieht man die Mähdrescher,
und die alte Holzscheune ist neu und mas-

siv erbaut worden. Vom betagten Kuhstall
hört man nicht ohne Stolz, er sei bis heute
der beste, gesündeste weit und breit, und
die Herde von Rumsko halte einen Spitzen-
platz: 4100 Liter Milchleistung pro Kuh
und Jahr.

Ja, und dann der Weg zum »Schloß«, wie
die Leute im Dorf es nannten, zu dem
Haus, in dem ich geboren wurde und aufwuchs. Ein Umweg vielmehr; wie verschämt hat man den direkten Zugang gesperrt. Gleich nach ihrem Einmarsch im

Heimat gibt es kon-
kret oder gar nicht.
Sie riecht, sie ist zum
Anfassen da; sie
meint ein Geborgen-
sein in der Kindheit,
das als Wegzehrung
noch dem Alternden
bleibt. Darum wird
Heimat mit jedem

Menschen neu geboren
— und sinkt mit ihm
ins Grab.

Die Kinder von
Równo, die den
Heimkehrer nach
Rowen zutraulich,
neugierig, lachlustig
umdrängen, sind hier
geboren worden, wie
ihre Eltern und
manchmal die
Großeltern schon.

Erbbegräbnis in Rowen/Równo

März 1945 rollten die Russen Benzinfässer ins Haus und brannten es nieder — vielleicht aus der Wut, die Bewohner nicht mehr anzutreffen. Aber niemand weiß wirklich, warum:

»Eine Lustjagd, wie wenn Schützen
auf die Spur dem Wolfe sitzen!
Schlagt ihn tot! Das Weltgericht
fragt euch nach den Gründen nicht!«

Das allerdings stammt aus dem Rachelied »Germania an ihre Kinder« von Heinrich von Kleist.

Inzwischen hat die Natur ihr Werk getan. Kraut und Gestrüpp überdecken gnädig den Schutt, sogar Bäume sind schon herangewachsen zu einem dichten und dunklen Dach. Doch es bleiben bizarre Zeichen: vermooste Säulen, die Schale des Springbrunnens, laubgefüllt. Und über halb nur verschüttetem Kellergewölbe eine Treppe ins Nichts, als handle es sich um die Ruinen eines Maya-Tempels in den Urwäldern des südlichen Mexiko oder Guatemalas. Lichtete man bloß um ein weniges das Gestrüpp und stellte Lampen auf, so ließe sich eine nächtliche Pantomime, ein Schattenschauspiel hier aufführen, vielleicht unter dem Titel: Sic transit gloria mundi.

Seltsames drängt in die Erinnerung, Abwegiges fast, wer weiß schon warum: »Glowitz zwo-vier-und-siebzig« zum Beispiel — das war die Telefonnummer. Dann, so ge-

Und wie der Heimkehrer haben sie hier ihre Heimat, die sie nirgendwo sonst finden können.

Entsprechend gilt für unsere eigenen Kinder und Enkel: Ihre Heimat ist, wo sie aufwachsen, also im Westen, in der Bundesrepublik Deutschland.

Man schafft Heimat nicht, sondern zerstört sie, wenn man anderes redet. Und wenn wir die Kinder und die Enkel wirklich lieben, wie das Land im Osten, wenn wenigstens sie von neuem Unheil ver-

schont bleiben sollen, dann darf es keinen anderen Weg mehr geben als den in die Einsicht: Seine Heimat kann niemand abstrakt vererben.

nau und so gegenwärtig wie im Traum, das herbstlich leuchtende Schauspiel: In ihrem besten Sonntagsstaat ziehen die Gutsleute mit Frauen und Kindern heran, die Kapelle vorweg, die einen Marsch intonieren. Im Halbkreis stellen sie sich vor der Treppe auf, auf der wir sie erwarten. Die Erntekrone wird überreicht, kunstvoll aus allen vorkommenden Getreidearten geflochten, aus Roggen, Weizen, Hafer und Gerste, mit bunten Bändern zusätzlich geschmückt. Verse tauchen aus dem Erinnern herauf, der Beginn des Erntespruchs, den ein Mädchen aufsagt:

»Wir grüßen die Herrschaften auf allerbeste
zum heutigen lieben Erntefeste
und wünschen viele Freude, Lust und Heiterkeit
den Herrschaften und den Arbeitsleut...«

Ein langes Gedicht. Seinem allgemeinen Teil folgt der persönliche, ein Katalog guter Wünsche. Gesundheit steht an vorderer Stelle, aber kaum weniger wichtig ist der Wohlstand:

»Ich wünsche dem Herrn Grafen einen goldenen Tisch,
an jeder der vier Ecken einen gebratenen Fisch.«

Doch für jeden gibt es etwas Besonderes. Die heiratsfähige Tochter bekommt anzüglich zu hören:

»Wir wünschen dem gnädigen Fräulein einen Rosengarten,
darin sie ihren Liebsten kann erwarten.«

Und im folgenden Jahr, drängender, da immer noch kein Bräutigam in Sicht ist:

»Wir wünschen Comtesse Libussa eine Laube von Jasmin,
worin sie kann erwarten — ihn.«

Auch ein Choral wird gesungen: »Nun danket alle Gott.« Darin heißt es:

»Der ewig reiche Gott
woll uns bei unserm Leben
ein immer fröhlich Herz
und edlen Frieden geben
und uns in seiner Gnad
erhalten fort und fort
und uns aus aller Not
erlösen hier und dort.«

Wer, als wir dies im September des Jahres 1938 miteinander anstimmten, wer hätte geglaubt, daß es dieses Fest mit seinen Sprüchen und Wünschen, mit dem Choral und mit seiner Krone aus Roggen, Weizen, Hafer und Gerste nie, nie wieder geben würde?

Bald fünfzig Jahre ist das nun her. Längst entrann den Teichen das Wasser, und der Park scheint sich selbst überantwortet. Hinter der Wiese lag unter einem dichten Schirm alter Buchen einmal der Tanzplatz. Dort feierte der Kriegerverein sein jährliches Sommerfest, vom Vorsitzenden, dem Oberinspektor Hesselbarth, mit einer Ansprache eingeleitet, in der statt von Pflicht und Schuldigkeit immer von »Schuld und Pflichtigkeit« die Rede war. Der trockene und feste Waldboden, vom Laub gereinigt, ergab ein vorzügliches Parkett. Und nirgendwo, pflegte meine Mutter zu sagen, die es wissen mußte, wirklich nirgendwo fand man bessere Tänzer für den »Walzer linksherum«. Später schimmerten Lampions

durch die Nacht. Die Alten saßen beieinander und schwatzten; die Jungen kicherten
oder schwiegen bedeutsam. Die einen verloren sich nach und nach in ihren Erinnerungen, die anderen im weitläufigen Dunkel des
Parks. Früh am nächsten Morgen suchten
wir Kinder nach Münzen, dort, wo der Aus-
schank gestanden hatte. Unglaublich, was
die Leute verloren, die in ihrem Alltag doch
gewohnt waren, sehr genau aufs Geld zu sehen! Gleich nebenan gab es den Schießstand
mit seiner Inschrift: »Üb' Aug' und Hand
für's Vaterland.« Das ließen sich alle gerne
gesagt sein, der Veteran von 1870 vorweg.
Ein guter Korn machte noch immer das Auge klar und die Hand ruhig.

Die alten Buchen hat man niedergehauen.
Aber schon wächst ein neuer Wald heran.
Manche Bäume sind indessen geblieben: die
große Kastanie, die Blutbuche und die Ei-
chen, sogar die eine, uralte. Vor vielen Jahrzehnten schon hatte man ihren hohlen
Stamm ausgemauert, um sie zu stützen. Dieses Menschenwerk ist längst dahin. Doch
der Baum steht und treibt neben dürrem Geäst sein frisches Grün. Allerdings schlanker
ist er geworden; von dem weit ausladenden
Teil, der einmal eine Plattform zum Teetrinken trug, hat er sich getrennt. Geblieben ist
ebenso die viel jüngere doppelte Baumreihe,
die den Park zur Pferdekoppel hin abschloß
und »die Revolutionsallee« hieß, mit dem
»Platz der Republik« in der Mitte — im Jahre 1919 angelegt.

Jetzt bloß ein kurzer Weg noch bis zum
Dorffriedhof von Rumbske und Rowen am
Gorkenberg. Er gleicht einer Wildnis. Un-
kraut, Disteln und Dornengerank, Gestrüpp; die Grabsteine verschwunden, umge-
stürzt, überwuchert. Am Platz, an dem die
Großeltern und der Vater begraben wurden,
steht noch das große Kreuz aus Granit mit

seinem eingemeißelten Spruch: »Fürchte
Dich nicht, glaube nur.« Aber die Namen
sind getilgt. Einzig auf einem schlichten
Holzkreuz hat der Name überdauert: Emil
Priedigkeit. Ähnlich sieht es etwas weiter
beim alten Erbbegräbnis aus. Die Namens-
tafeln wurden abgeschlagen; in den aufgebro-
chenen Gewölben erkennt man zwischen
Trümmergestein noch Reste von Särgen.

Ähnlich überall. In Karzin muß man unter wucherndem Gesträuch nach dem
Friedhof erst suchen; bloß der Schutt von
Gewölben deutet an, wo sich das Erbbegräbnis der Puttkamers befand. Merkwürdig wiederum, daß ein einzelner Grabstein
zwar am Boden liegt, aber mit seiner unbe-
schädigten Inschrift: »Jesko, Robert, Karl,
Ernst von Puttkamer — Leutnant im 1. Bad.
Leib-Dragoner Regiment No. 20. Komman-
diert zur Feld-Flieger Abteilung 14. — geb.
14. Mai 1896, fürs Vaterland gefallen am 24.
Juli 1917.« Ein Alter fürs Sterben? Auch meine Brüder fielen mit einundzwanzig Jahren
als junge Leutnants, der ältere schon im September 1939 vor Warschau.

Widerstreitende Gefühle und Gefühle
nicht bloß des Abschieds. Gewiß, die Über-
legung sagt, daß Gräber und Friedhöfe
rasch verfallen, wenn sie nicht mehr gepflegt werden. Die Natur erweist ihre
Macht, sobald die Menschen fortgehen.
Und sogar hierzulande werden Grabstellen
in der Regel nach fünfundzwanzig oder
dreißig Jahren aufgelassen und beseitigt.
Aber so, in dieser Form, schmerzt es denn
doch.

Kinderstimmen rufen in die Gegenwart
zurück. Unbefangen kommen sie heran,
diese Kinder von Równo, das einmal Rowen hieß, mit dem jüngsten, das sie hüten
sollen, auf dem Arm. Sie sehen aus, wie die
Dorfkinder hier immer schon aussahen.

Die alten Leute in Arnshagen/Charnowo fragen: »Wann kommt unsere liebe Freundin Frieda Albrecht wieder zu Besuch? Wir warten auf sie, ihr Zimmer steht bereit…«

Sie meinen damit die deutsche Vorbesitzerin ihres Hofes, von der sie mit Stolz sagen: »Unsere Deutsche ist als letzte gegangen, und sie kam als erste zurück.«

Inzwischen trauern sie um die Verstorbene wie um eine leibliche Schwester.

In Arnshagen, Kreis Stolp/Charnowo

Keine Spur von Scheu vor den Fremden, bloß die lachlustige Neugier, wie sie zu Kindern nun einmal gehört. Warum auch nicht? Hier kennen sie sich aus, sie sind hier geboren, wie ihre Eltern schon und manchmal bereits die Großeltern. Dies ist ihre Heimat — wie meine eigene auch.

Wie nur soll man dazu sich stellen, wie in der Verwirrung der Gefühle einen Weg finden, der in die Zukunft weist? Eines allerdings scheint mir deutlich zu sein: Heimat gibt es konkret oder gar nicht. Sie hat mit der Kindheit zu tun, sie ist zum Anfassen da. Sie riecht. Für den, der aus dem ländlichen Hinterpommern stammt, riecht sie nach der Heuernte des Frühsommers, nach fangfrisch geräucherten Flundern an der Ostsee und besonders nach herbstlichen Kartoffelfeuern. Heute freilich mag man Gerüche nicht mehr. Alles soll steril verpackt sein, Bücher sogar; man desinfiziert und desodoriert, entkeimt und entduftet, wo man nur kann. Manchmal frage ich mich, ob es wohl damit zusammenhängt, daß die Kraft des Erinnerns schwindet. Und was erst wird mit den Gerüchen den Kindern gestohlen — oder über sie noch zurück zu einem uralten Erbe, das mit der Kreatur uns verbindet?

Heimat als das Konkrete, als die Geborgenheit, die im Widerschein des Erinnerns zur Wegzehrung noch dem Alternden bleibt: Sie mag zum Menschen als Menschen gehören und darum in einem sehr tiefen Sinne ein Menschenrecht sein. Aber gerade wenn sie dies ist — das ganz Eigene, Ursprüngliche, Persönliche —, dann gilt, daß man sie nicht abstrakt vererben kann. Sie wird mit jedem Menschen neu geboren, wie sie auch mit ihm stirbt.

Das bedeutet, daß der schiere Ablauf der Zeit eine Entscheidung getroffen hat, zu deren Anerkennung wir uns durchringen müssen, in unseren Herzen und diesseits von allem politischen Streit. Oder sollen wir den Kindern von Równo etwa drohend verkünden, daß sie gar nicht in Pomorze, sondern irgendwo sonst zu Hause seien? Und wie wollen wir es mit den eigenen Kindern und Enkeln halten? Ihnen sagen, daß sie nicht hier, in der Bundesrepublik Deutschland, sondern im Osten sich geborgen fühlen sollen, in einem Land und in einem Lebensgefüge, das nie das ihre war? Schaffen wir damit Heimat — oder zerstören wir sie?

Anerkennen, was ist, absehend von unserem ergrauten Haar, unterwegs auf dem langen und steinigen Pfad zur Zukunft der Versöhnung, behutsam, der hüben wie drüben noch kaum vernarbten Wunden eingedenk, die schon ein einziges unbedachtes Wort neu aufreißen kann; anerkennen im Interesse der nachgeborenen Generationen und derer, die erst noch geboren werden sollen: Wenn wir die Kinder und Enkel wirklich lieben, dann müssen wir doch inständig wünschen, daß wenigstens sie von neuem Unheil verschont bleiben mögen. Und wenn wir dieses weite und stille Land im Osten lieben, wenn wir dorthin so unbefangen reisen wollen — auch mit den Enkeln —, wie wir entsprechend unbefangen aufgenommen werden möchten, von den Kindern von Równo wie von ihren Eltern und Großeltern, dann gibt es keinen anderen Weg.

Raupe, Puppe, Schmet-
terling: Schon schlägt
das Pfauenauge sich
auf. Was kostet die
Welt? Ach, früh genug
wird das Leben seinen
Preis einfordern; wir
aber sollten uns nicht
dazu verhärten, ihm

im Auf- und Abrech-
nen noch herauf-
zusetzen.

Wie schön es ist!

Grenzen verhärten und verschließen sich, sobald man sie antastet; sie können zu Brücken werden, wenn man sie bejaht. Das ist nicht nur eine alte und immer neue Erfahrung der Geschichte, sondern eine sehr persönliche: Beklemmungen lösen sich, die Befangenheit weicht wie Nebeltrübsinn unter der Sonne. Begegnungen werden möglich, herzlich und bis zur Freundschaft, über alle Fremdheit der Lebensart oder der Sprache hinweg.

Begegnung mit einem alten Mann in Groß Garde/Gardna Wielka am Ufer des Garder Sees. Erinnerungen schon wieder, die eigenen zunächst: Zuletzt 1942 bin ich hier gewesen, im Faltboot die Lupow herab, mit dem Freund Ursus von Zitzewitz, der so bald schon als Soldat fiel — in Polen, im Kampf gegen Partisanen. Genau hier hatten wir unser Zelt aufgeschlagen, und am nächsten Tag sind wir im plötzlichen Gewittersturm auf dem See fast gekentert.

Die Erinnerungen des alten Mannes reichen noch weiter zurück. Schon 1920 hat er unter Piłsudski gedient und mitgeholfen, vor Warschau die Rote Armee zurückzuschlagen; im Zweiten Weltkrieg kämpfte er als Partisan gegen die Deutschen. Nun lebt er hier, zierlich fast und hochbetagt; seine Augen tränen. Er erzählt von einem schweren Leben, von den Söhnen, die fortgingen in die Stadt, von seinem Garten, dem Schwein und den Gänsen. Seine Kuh, die er eigentlich hütet, badet inzwischen im See. Der alte Mann sagt: Es ist gut, daß wir miteinander reden. Als Gruß zum Abschied nimmt er so vollendet höflich seine Mütze ab, wie wohl niemand irgendwo aus den jüngeren Generationen es ihm nachmachen könnte.

Ein Traum, unmerk-
lich in den Abend
hinein: Der Streit der
Menschen scheint
ferngerückt wie ihr
Lärm. Nur manchmal
klingt noch ein Vogel-
ruf, ein Flügelschlag
aus dem Rohr. Wenn
dann übers Wasser hin
der Hauch aus der
Nacht schon frösteln
läßt und zur Umkehr
mahnt, hört man den
Schrei der Wildgänse
oder Kraniche, die
nach Süden ziehen.

Am Lebasee

Der Lebasee, weitläu-
fig vom Moor umge-
ben und abgeschirmt,
dehnt sich über eine
Fläche von 76 Qua-
dratkilometern. Aber
seine größte Tiefe
beträgt nur fünf
Meter, und nur um
dreißig Zentimeter
liegt er über dem
Meeresspiegel.

Eigentlich handelt es
sich um einen Ver-
wandten des Frischen
und des Kurischen
Haffs in Ostpreußen;
nur eine schmale Dü-
nenkette trennt den
See von der Ostsee. In
der Ferne läßt sich
diese Dünenkette

gerade noch erkennen.
Am höchsten, auf über
vierzig Meter, ragt die
Lonske-Düne.

Begegnung mit der Bäuerin in Arnshagen/
Charnowo, die die deutsche Vorbesitzerin
ihres Hofes, Frieda Albrecht, liebevoll ein-
lädt und inzwischen um sie trauert wie um
die leibliche Schwester. Viele Gesichter prägen bei den Begegnungen sich ein. Es sind
die ausdrucksstarken, die jugendfrischen
und altersgegerbten Gesichter eines Volkes,
dem seine bäuerliche Herkunft noch nahe
ist. Schläue und Verschmitztheit nisten in
diesen Gesichtern, ein heimliches Gelächter
über »die da oben«, die zum Besserwissen

len, zum Mitteilen kommt ins Spiel, von der es nicht weit ist zum Teilen, zur herzhaften Gastlichkeit, geboren aus den unvordenklichen Erfahrungen eigener Not.

Zu den Erfahrungen zumindest der Älteren zählt der Schrecken der Geschichte, der in Geschichten sich birgt. Eher beiläufig kommen sie zutage, verschämt beinahe, besorgt, den Gast verlegen zu machen. Woher stammen die Deutschkenntnisse? Ja, man war doch in Hamburg, in Wesseling bei Köln, in der Fabrik, damals, zwischen 1940 und 1945 ... Fast immer wird eilig hinzugefügt: Es gab auch gute Deutsche, Menschen, die geholfen haben. Ein anderer hat Auschwitz überlebt — und dann die Gefängnisse Stalins. Wieder andere reden von der Gemeinsamkeit, vertrieben zu sein; das Herz hängt noch immer an Wilna, an Lemberg.

Seine eigene Geschichte könnte gewiß Piotr Skowonodnikow erzählen, der Gutsverwalter in Zedlin/Siodłonie. Er ist der Sohn des russischen Kommandanten von 1945 in Rumbske. Irgendwie hat der ihn hergebracht; irgendwie ist er dann hängengeblieben und zum Polen geworden. Seine deutschen Vorgänger, Herrn Hesselbarth und Herrn Denzin, hat er noch gekannt. Inzwischen ist er ein engagierter Landwirt, stolz, wenn Raps, Gerste und Kartoffeln gedeihen. Ein leidenschaftlicher Jäger ist er überdies. Seine Einladung verblüfft: »Wollen Sie nicht im Herbst wiederkommen und einen Hirsch schießen?« — »Einen Hirsch schießen? Nein, vielen Dank, seit 1945 habe ich kein Gewehr mehr in die Hand genommen.« »Aber vielleicht mit der Kamera?« Zweifel und Zögern. Ein seltsamer Reiz wäre es schon, die eigene Jugendleidenschaft nach so vielen Jahren aus dem graugeköpften Abstand als Beobachter noch

und Belehren, zum Hochmut und zur Kälte der Macht Verführten, mögen es nun Deutsche, Russen oder die eigenen Herren sein. Ein Stolz gesellt sich hinzu, der sich manchem fügt, bloß nicht dem jeweils Verordneten. Aber auch eine Bereitschaft zum Erzäh-

Wiedersehen mit dem Garder See nach über vier Jahrzehnten, Erinnerung: Zuletzt 1942 bin ich hier gewesen, mit meinem Freund Ursus von Zitzewitz. Im Faltboot kamen wir die Lupow herunter;

in Groß Garde haben wir übernachtet.

Am nächsten Tag fuhren wir über den See nach Rowe und sind auf dem Rückweg im plötzlichen Gewittersturm fast gekentert. Nur zwei Jahre später fiel der Freund — in Polen, im Kampf gegen Partisanen.

Ein alter Mann, der sich erinnert: Schon 1920 hat er unter Pilsudski gedient und mitgeholfen, vor Warschau die Rote Armee zurückzuschlagen; im Zweiten Weltkrieg kämpfte er als Partisan gegen die Deutschen. Er erzählt von einem schweren Leben, von den Söhnen, die fortgingen in die Stadt, von seinem Garten, dem Schwein und den Gänsen. Seine Kuh, die er eigentlich hütet, badet inzwischen im See.

Der alte Mann sagt: Es ist gut, daß wir miteinander reden. Als Gruß zum Abschied nimmt er so vollendet höflich seine Mütze ab, wie wohl niemand aus einer jüngeren Generation es ihm nachmachen könnte.

einmal anzuschauen, sei es nun mit Wehmut oder mit Lächeln.

Ein engagierter Landwirt ist erst recht Herr Melka, der Güterdirektor in Glowitz/Główczyce. Mit Selbstbewußtsein empfängt er im alten Gutshaus, in dem

einmal Onkel Gerhard, »der alte Glowitzer« regierte, der Bruder der »eisernen Gräfin«. Mit Selbstbewußtsein führt er das Erreichte vor, von der Anlage zur Futteraufbereitung in Zemmin/Ciemino bis zum Wohnungsbau für die Mitarbeiter. Er ver-

schweig die Schwierigkeiten nicht, die es gibt. Und beim Anblick eines wildernden Hundes kann er so herzhaft fluchen wie vor den Lagerstellen im Getreide.

Selbstbewußtsein macht es möglich, das Vergangene einzubeziehen, statt es ängst-lich auszusparen. Kontinuität wird sicht-bar, wie bei dem Kollegen Momot in Trzygłów. Gutshäuser, die sich erhalten haben, werden wiederhergestellt, zum Bei-spiel — mit der Hilfe von Restauratoren aus Danzig — das Schloß in Wollin/Wolinia.

Herr Melka fragt: »Wie sah das Haus in Rumsko aus? Könnte ich ein Bild haben?« Er überlegt, ob man die Teiche wieder anlegen soll; er möchte wissen, wie die Wälder einmal hießen, er notiert: Lechow, Dombrow, Birk, Iserge, Kaschnowz, Bojenk.

Kontinuität auch, die sich wie von selbst aus der Natur ergibt. An der Grenze zum Moor, genau dort, wo meine Mutter daran dachte, sich ein Haus für ihr Alter erbauen zu lassen, sagt Herr Melka: »Wie schön das ist! Hier gehen meine Frau und ich am liebsten spazieren.« Etwas später ist von »den Kerlen aus Kluki« die Rede, den Wilderern, die im Moor ihr Unwesen treiben und die schon Herr Skowonodnikow erwähnte. Die Kluckener, der alte Ärger! In ihrem weltverlorenen Fischerdorf am Lebasee waren sie bitterarm und darum notorische Wilderer. Zwischen den beiden Weltkriegen sind zwei Förster bei Zusammenstößen mit den Kerlen aus Klucken ums Leben gekommen. Aber welch ein Trost, welch eine Verheißung fürs Überdauern liegt doch darin, daß die Landschaften, die Bedingungen der Natur solche Kraft haben, Menschen zu dem zu formen, was sie sind, wieder und wieder.

Herr Melka sieht freilich das riesige Moor, das im Halbrand den Lebasee umlagert, zunächst einmal mit den Augen des Landwirts. Er zeigt, was zur Urbarmachung schon alles getan wurde: die Pumpstationen, Kanäle und Grabensysteme, von niederländischen Experten geplant, die Wegeplatten, die eigens konstruiert wurden, um mit Maschinen ins Moor fahren zu können, die Felder, die ihre erste Frucht tragen, die Wiesen und Weiden, von den Kuhherden und vom Jungvieh schwarz-weiß übertupft.

Die Lonske-Düne
liegt in einem großen
Naturschutzgebiet, das
den Lebasee, den
Garder See und einen
Teil der angrenzenden
Moore umfaßt. Und
sie bietet wahrlich ein
Naturschauspiel beson-
derer Art; sie wandert.

Unmerklich zwar für
den Augenblick, über
die Jahre hin aber
spürbar genug, rückt
sie mit der vor-
herrschenden Wind-
richtung allmählich
nach Osten vor.
In einem lautlosen
Kampf auf Leben und

Waldsee bei Bütow/Bytów

Wenigstens ein Teil des Moores wird erhalten bleiben; das Naturschutzgebiet setzt,
gottlob, dem agrarischen Eifer Grenzen.
Eine Landschaft wie im Atem des Ur-
sprünglichen, kaum zu betreten, es sei
denn im vorsichtigen Tasten oder im küh-
nen Sprung von Grassode zu Grassode.
Buschgruppen, Erlen- und Birkenanflug,
ein Botaniker-Paradies, verschwenderische
Vielfalt der Gräser, Kräuter und Farne. An
den Gräben und Moorkuhlen stehen unbeweglich die Fischreiher. Und neben den
Störchen entdeckt man sogar Kraniche.
Freilich auch Stechmücken gibt es in
Schwärmen, und Pferdebremsen, die die

Pferde überdauert haben, stürzen sich um
so blutrünstiger auf die Menschen.
Schon in Stolp/Słupsk weisen Straßen-
schilder nach Kluki. Das früher ganz und
gar abgelegene Klucken ist zu einem Touri-
stenziel aufgerückt, das man über Schmol-
sin/Smołdzino leicht erreichen kann. Ein
betagtes Gehöft, unters Strohdach geduckt,
ist zum Museum geworden. Da kann man
sehen, wie die Menschen sich dem Moor
anpaßten. Für die Pferde zum Beispiel gab
es breitflächige Holzschuhe, die über die
Hufe gezogen wurden. Sie machten erst
möglich, daß sich die Tiere auf dem weichen Boden überhaupt bewegen konnten

Tod stemmen sich Kiefern ihr entgegen; die zähen Bäume behaupten sich selbst dann noch, wenn sie sozusagen schon bis zum Hals begraben sind.

Doch die Düne gewinnt. Außer an der pommerschen Küste gibt es ein vergleichbares Schauspiel nur noch in Ostpreußen, auf der Kurischen Nehrung, die unerreichbar geworden ist.

und nicht immer gleich bis zum Bauch einsanken. Außerdem sieht man die Gerätschaften mühsamer Arbeit, von den Reusen zum Fischfang bis zu den Webstühlen, an denen hinter winzigen Fenstern im Dämmern der Kate der Winter verging.

Die Touristen bleiben rasch zurück, wenn man sich auf schmalem Pfad, schließlich auf morschem Steg durch die Schilfbarriere hindurch zum Wasser vorarbeitet. Der Lebasee: sechsundsiebzig Quadratkilometer groß, aber nirgends tiefer als fünf Meter und nur dreißig Zentimeter über dem Meeresspiegel, eigentlich ein Haff, durch die Dünenkette vom Meer getrennt.

Im Sonnenlicht erkennt man hinter der blauen Fläche des Wassers diese hellen, fast weiß schimmernden Dünen. Am höchsten ragt die immer noch wandernde Lonske-Düne. Aber mit jedem Wolkenzug wechseln die Farben; die Dünen verdunkeln sich, das Wasser wird grau und manchmal fast schwarz. Noch stärker verändern die Jahreszeiten das Bild, und jede hat ihren eigenen Reiz, neben Sommer und Winter besonders der Herbst, wenn das Schilf sich verfärbt und der See und der Himmel im Nebel verschwimmen.

Die Wanderdüne läßt sich auf einem Waldweg leicht erwandern. Nur der Aufstieg erweist sich als mühsam; bei jedem Schritt sinkt der Fuß im losen Sand wieder weit zurück. Aber welch ein Blick dann vom Gipfel, am Abend zumal, wenn die Sonne scharfe Schatten zeichnet! Auf der einen Seite das Meer, auf der anderen der See, dazwischen die Nehrung. In den Mulden kämpfen zäh die Kiefern, indessen die Düne schon vorrückt, still und geduldig, sie zu bestatten.

Die Dämmerung fällt ein, und die Konturen entschwinden. Ein Schauder von Kälte

Die Lonske-Düne

kommt auf; es wird Zeit zur Umkehr. Wanda allerdings, die am Anfang der Reise durch Pommern nur für Krakau warb, kann sich am Ende von diesem Land am Meer kaum trennen. Sie sagt, was sie fühlt: »Wie schön es ist.«

Es gibt Landschaften
und Jahreszeiten, die
wie füreinander ge-
macht sind. Pommern
ist im Grunde kein
Frühlingsland; dem
langen Winter folgt oft
fast unvermittelt schon
der Sommer. Um so
mehr ist der Herbst
hier zu Hause. Die
Stille und die Weite,
eine späte Sonne und
die frühen Nebel, hun-
dertfältige Brauntönun-
gen des Laubes und der
Erde klingen sanft
zusammen: zur Melan-
cholie und zur Erfüllt-
heit des Abschieds.

150

Siegesdenkmal in Naugard/Nowogard

Gedanken vor Denkmälern

Der Mensch ist ein Symbolwesen, und eben dies macht ihn gefährlich. Er tanzt vor seinem Totemtier, als Adler, Bär oder Löwe verkleidet, dem Wahn erliegend, daß er als Adler bevorzugt und besser sei als die Bären oder die Löwen. Fahnen werden erfunden, Uniformen, Standarten und Feldzeichen aller Art, Sterne und Halbmond, Hammer und Sichel, Kokarde, Kreuz und Hakenkreuz; fast immer geht es im Unterscheiden um die abgründige Scheidung zwischen »uns« und »den anderen«, zwischen Freund und Feind.

Denkmäler bilden eine Abart solcher Symbole. Ihrem Namen zuwider sind sie meist weniger zum Denken da als vielmehr dazu, aus Tiefen oder Untiefen Gestimmtheiten aufzurufen und zum Lodern zu bringen. Es versteht sich, daß die Denkmäler zum Dauern, beinahe für die Ewigkeit gemacht werden — wie die »ewigen« Feuer, die so leicht verlöschen —, in Marmor und Granit gehauene, in Erz gegossene Merkzeichen und Mahnungen für die künftigen Generationen: Erinnert euch, umkränzt, preist, verehrt uns. In der Regel handelt es sich um mehr oder minder Grimmiges, im Grunde Scheußliches: um das von seiner Ohnmacht schon eingeholte Imponiergehabe der Lebenden gegenüber einer Zukunft, die nicht mehr ihnen gehören wird.

*Überall in Pommern
findet man Denkmä-
ler für die »Befreier«,
die Sieger von 1945.
»Unsere Pflicht-
Denkmäler«, sagen
dazu die Polen mit
vieldeutigem Lächeln.
Sie selbst, geschichts-
bewußt, wie sie sind,
haben offenbar noch
das ungebrochene
Verhältnis zu Denk-
mälern, das uns
abhanden kam. Viel-
fach werden dabei
Dichter oder Kompo-
nisten geehrt. Warum
nicht? Doch es gibt
auch Martialisches
und Fragwürdiges.
Auf dem Siegessockel
in Naugard/Nowo-
gard wird die vater-
ländische Triumph-
linie markiert:
»Grunwald 1410 —
Berlin 1945«. Darin
steckt eine nationali-
stische Deutung nach
rückwärts, die keiner
Nachprüfung stand-
hält — und die unter
den entgegengesetzten
Vorzeichen auch im
deutschen Tannenberg-
Denkmal verewigt
sein sollte.*

Sienkiewicz-Denkmal in Stolp/Słupsk

Szymanowski-Denkmal in Stolp/Słupsk

Freilich bleibt die menschliche Dauer den Umständen unterworfen. In Pomorze sind die deutschen Denkmäler natürlich längst verschwunden und durch die polnischen ersetzt worden, wie der eiserne Kanzler am Bismarck-Platz in Stolp durch den Dichter und Patrioten Sienkiewicz. Ähnlich die Denkmäler, die von Kriegen und Siegen künden oder an die fürs Vaterland Gefallenen erinnern. Deutsches Erinnern gibt es nicht mehr, dafür aber Stadt um Stadt das Ehrenmal für die »Befreier«, für

Hier hat einmal der Reichsgründer gelebt und die Distanz zu Berlin genossen. Dem Schloß, in dem heute eine Schule für Forsteleven untergebracht ist, setzten die Jahre übel zu. Aber die Arbeiten zu seiner Wiederherstellung haben inzwischen begonnen.

Wäre es damit nicht an der Zeit, Selbstbewußtsein zu zeigen und etwa auf einer Gedenktafel sichtbar zu machen, statt peinlich genug zu verschweigen, welch ein historischer Boden dies ist und wer in dem Schloß einst der Hausherr war?

die Helden der Roten Armee. »Unsere Pflicht-Denkmäler«, sagen dazu die Polen mit vieldeutigem Lächeln. Welche Dauer denen beschieden sein wird, steht dahin.

Für das Fragwürdige polnischer Eigenleistungen seien zwei Beispiele genannt. Auf einem kriegerisch ragenden Mahnmal in Naugard/Nowogard wird schnurstracks die vaterländische Siegeslinie markiert: »Grunwald 1410 — Berlin 1945«. Aber darin steckt schon eine Deutung der Geschichte, die die Nachprüfung schwerlich verträgt. Im 15. Jahrhundert standen sich mit dem Deutschen Orden und Polen zwar rivalisierende Mächte gegenüber, aber keine Nationen, wie wir sie kennen. Ganz im Gegenteil: Deutsche Stände, Ritter wie Städte, haben zu einem erheblichen Teil auf der polnischen Seite gekämpft, weil sie sich von Polen mit Recht mehr Freiheiten erhofften als unter der straff organisierten Ordensherrschaft.

In Varzin/Warcino, dem Landsitz Bismarcks seit der Königsgabe für den preußischen Triumph von 1866, ragt auf ihrem Sockel an der Zufahrt zum Schloß überlebensgroß eine Partisanin. Sei's drum. Aber nichts, keine noch so bescheidene Tafel erinnert an den einstigen Hausherrn. Ob die Forsteleven, die heute hier ausgebildet werden, wohl je erfahren, auf welchem historischen Boden sie sich befinden? An dem Schloß, dem die Jahre übel mitspielten, haben inzwischen die Arbeiten zur Wiederherstellung begonnen. Wäre es damit nicht an der Zeit, Selbstbewußtsein zu demonstrieren und sichtbar zu machen statt zu vertuschen, was einmal war?

Doch es gibt auch Denkmäler anderer Art. Eines zwingt an der Straße zwischen

Das Bismarck-Schloß in Varzin, Kreis Rummelsburg/Warcino

154

In Dünnow, Kreis Stolp/Duninowo

An der Hauptstraße
durch Hinterpom-
mern zwingt zwi-
schen Körlin/Karlino
und Köslin/Koszalin
ein Merkposten
besonderer Art zu

unvermutetem Halt:
ein Kartoffel-Denkmal.
Zwar stellt es,
obenhin betrach-
tet, nur das Wahrzei-
chen eines großen
Saatzuchtbetriebes

dar, der hier zu
Hause ist.
Aber handelt es sich in
Wahrheit nicht um ein
Denkmal, wie es sein
sollte, weil es uns zum
Denken herausfordert?

Kartoffel-Denkmal in Biziker/Biesiekirz

Körlin/Karlino und Köslin/Koszalin in Bi-
ziker/Biesiekirz zu unvermutetem Halt:
von drei Stahlträgern gehalten und empor-
gehoben, riesig und bronziert — eine Kartoffel. In den Tagen des Alten Fritz hat diese Erdfrucht hier Einzug gehalten, und es
erwies sich, daß sie und Pommern mit seinen meist sandigen, leichten Böden und seinem zum Kontinentalen neigenden Klima
füreinander bestimmt waren. Am Anfang
des Zweiten Weltkriegs lieferte Hinterpommern neben Speisekartoffeln und Pro-
dukten wie dem Spiritus allein 48 Prozent
aller deutschen Saatkartoffeln und sogar 61
Prozent der Hochzuchten. Sei es also für
Pommern, sei es für Pomorze: Etwas besser
Passendes läßt sich schwerlich erdenken in
dem Land, dem diese Frucht die Fruchtbar-

*Es erinnert an das un-
scheinbar in der Erde
Geborgene, das wir
alle zum Leben und
Überleben brauchen.*

Der große Friedrich, der Alte Fritz, hat lebenslang darum gekämpft, Maulbeerbäume anzupflanzen, als Grundlage für die Zucht von Seidenraupen. Denn mit der Eigenproduktion sollten kostbare Devisen gespart werden. Im rauhen preußischen Klima handelte es sich um einen kostspieligen Fehlschlag. Als um so segensreicher erwies sich der fritzische Kampf für die Einführung der Kartoffel. Hinterpommern zumal und diese Erdfrucht waren wie füreinander bestimmt. Sicherung der eigenen Ernährung zunächst, dann — nach dem Bau der Eisenbahnen — Lieferungen in den Westen: Das Maß an Wohlstand, das seit dem 19. Jahrhundert im Lande Einzug hielt, war hauptsächlich der Kartoffel zu danken.

Das Einsammeln der kostbaren Knollen bildete einen Höhepunkt des Erntejahres. Jede Hand, mochte sie noch so klein sein, wurde dafür dringend gebraucht. Also bekamen die Kinder ihre »Kartoffelferien« wahrlich nicht zum Spaß. Doch wenn die Erinnerung an Kindertage sich vorab aus Gerüchen nährt, dann gehört dazu für den Pommern, wie nichts anderes, der Duft aus Kartoffelfeuern. Und wohl niemand, der das nicht gekostet hat, kann den unvergleichbaren Räuchergeschmack einer Kartoffel überhaupt ermessen, die so frisch aus der Erde wie aus der Glut stammt.

In Wollin, am westlichen Ufer der Dievenow und über einer Wikinger-Siedlung, die auf das Vineta der Sage hindeutet, wurde im Jahre 1140 von Otto von Bamberg das pommersche Bistum gegründet. Im Jahre 1945 kam der Krieg hierher. Im Untergang des alten Pommern versank auch Wollin mit seiner Stadtkirche in

In Wollin/Wolin

keit brachte. Möge darum dem Kartoffel-Denkmal Dauer beschieden sein wie keinem anderen, möge es uns mahnen an das unscheinbar in der Erde Geborgene, das wir zum Leben und Überleben brauchen.

Ein zweites, ans Herz greifende Denkmal findet man in Wollin/Wolin, der alten Stadt hart am Ufer der Dievenow. Wie schon erwähnt, stand hier im März und April 1945 für einige Wochen die Front, und die Stadt wurde mit ihrer spätgotischen St.-Nikolai-Kirche fast völlig zerstört. Diese Kirche hat man im Gegensatz zu fast allen anderen Gotteshäusern nicht wieder aufgebaut, sondern bewußt als Ruine bewahrt. Sie erinnert an die Schrecken des Krieges. Und sie mahnt, wozu ein Denkmal heute nur mahnen sollte: zur Versöhnung, zum Frieden.

Schutt und Asche; kaum ein Haus blieb erhalten.
Nur mühsam, mit immer noch weiten Freiflächen, ist das polnische Wolin wiedererstanden.

Die Kirche aber, als Ruine erhalten, setzt ein Zeichen gegen unser Vergessen.

POMMERN im Deutschen Reich

DÄNEMARK
O S T S E E
Schleswig-
KIEL
Holstein
LÜBECK
HAMBURG
Mecklenburg
STETTIN
Hannover
Brandenburg
BERLIN
Danzig
West-
Preußen
Posen
POLEN
POSEN

O S T S E E

HINTERPOMMERN
in den Grenzen von 1938
(mit polnischen Ortsnamen
seit 1945)

— Deutsche Reichsgrenze
--- Oder-Neiße-Grenze

0   20   40   60   80
Kilometer